JN074711

改訂増補版

DX時代の経理部門の働き方改革のススメ

CSアカウンティング株式会社
中尾　篤史 著

税務研究会出版局

増補にあたって

　新型コロナウィルスによるパンデミックから1年半以上が経過しましたが、その間に経理部門の仕事の進め方が大きく変わった会社も多いと思います。

　今までの常識が通じなくなる中、新たなスタイルに切替が早かった会社、旧態依然とした仕事のやり方を継続して変化についていけていない会社に二極化されてきた感も否めません。

　企業業績がK字回復と言われるように二極化されたのと同じように経理部門の改革も二極化が進んだようにも思えます。

　本書は働き方改革が叫ばれた時期に経理部門の業務の効率化や標準化ということをテーマに執筆をしたものですが、DX（デジタルトランスフォーメーション）が新型コロナウィルスのパンデミックへの対策として急速に浸透してきたこともあり、DX時代を反映したものに書き換えを行いました。

　リモートワークを恒常化する動きは大企業を中心に進んできていますが、今後中小企業も生き残りをかけて浸透を図っていくものと思います。リモートワークをすることが解決の全てではないですが、経理部門がリモートワークをできる仕組みづくりをすることで、DX化は加速すると考えられます。

　経理部門における働き方改革のための手段は、決して派手さや華やかさはありませんが、おさえるべきポイントをクリアしていけば必ず効率化が図れていくものでもあります。

　中小企業をはじめとして多くの経理部門の職場で働かれている方々の一助となり、一人でも多くの経理部門のメンバーがやりがいをもって働けるようになることを願ってやみません。

最後に本書の増補版刊行にあたって、株式会社税務研究会の下山瞳氏に多大なアドバイスと協力をいただき、わかりやすい内容となったことに深くお礼申し上げます。

2021年9月

CSアカウンティング株式会社

中尾　篤史

は　し　が　き（初版）

「働き方改革を進める中、残業時間を減らさないといけない」

「経理部門の採用が全然うまくいかない」

「経理業務は事業拡大に伴って複雑かつボリュームが増えている」

　これらは、昨今の中小企業の経理部門における切実な声ではないでしょうか。

　少子化が進む中で、労働力人口は確実に減ってきています。労働力人口が減ると言うことは、労働時間が減ることを意味します。ただ、それとは別に過重な労働を社会全体で減らしていくことをひとつの目的に残業時間の抑制を図る等の働き方改革が進行中です。

　人口が減ることに加えて一人一人の労働時間を減らしていくとなると、総労働時間数が減ることになり、今までの仕事のスタイルでは全ての仕事をこなすことは難しくなってきます。

　一方、企業は生き残りをかけて成長をし続けなければなりませんので、成長に合わせて業務量は増えていきます。

「労働力人口の減少による人材確保の困難」

「一人あたりの残業時間の削減」

「成長し続けるための業務ボリュームの増加」

　このような三重苦は、経理部門も他人事ではありません。

　厳しいこの状況を打破するために、経理部門に求められていることは、単純に経理業務をこなすことではなく、最大限効率的に業務を回していくことです。

　そんな時代背景の中で、中小企業の経理の合理化が実現して、経理部門の

方々の業務負担が軽くなって欲しいという思いを込めて本書を上梓致しました。

　本書では、各シーンの冒頭に、とある会社内での会話があります。

　会話の内容は、今まで私が実務の世界で目にしてきた現場のシーンをベースにしています。

　経理業務を効率化しようという意識がなければ、流されてしまう内容も多く、特に問題を感じない内容も多いと思われるかもしれません。

　ただ、昨今労働力人口が減少する中、働き方の改革を進めつつ、生産性を向上させるためには、経理部門においてもより効率化を図っていくことが求められてきております。

　それぞれのシーンは、読者の皆さんの現場でも「ある、ある」って思っていただけるものも多いのではないかと思います。

　今までは、現場で何らの問題意識も持たずに、そのまま流してしまっていたような事柄についても、シーン別に解決策を示しておりますので、自社の経理のカイゼンを進めるヒントにしていただきたいと思います。

　また、税理士として会社に関与している方であれば、クライアントの経理部門の合理化を進めることは、クライアントの企業価値の向上につながりますので、クライアントの繁栄のためにも解決策を示して差し上げれば、きっと喜ばれると思います。

　経理部門の働き方改革は、日本を元気にする一因であるという確信のもとページをめくっていただければと思います。

2018年2月

CSアカウンティング株式会社

中尾　篤史

目　次

|**Chapter 3**|ムラをなくす経理のテクニック

|**Chapter 4**|ムリをなくす経理のテクニック

| Chapter 5 | 外部委託を活用した改革のテクニック

※本書において表記しているExcel、Access、WordはMicrosoft社の登録商標です。

　本書には、企業向けの研修を企画・実施する企業である「プロセスデザイン社」に関係が深い3名の登場人物が登場します。それぞれ、個性的なキャラクターですが、皆さんの会社にもいる実在の誰かをイメージしながら、「いる、いる」と思って、読んでみて下さい。

　働き方改革のヒントが見つかるかもしれません！

Kaizen 税理士：
中小企業の経理部門の経理のカイゼン・標準化活動を通じて働き方改革を推奨する税理士でプロセスデザイン社の顧問税理士

プロセス良子：
まだまだ経理業務には不慣れでカイゼン思考は少ないけれど、標準化を通して働き方改革には前向きに取り組もうとするプロセスデザイン社の経理スタッフ

ストップ部長：
今までのやり方を変更することに抵抗を示したり、漠然と作業を今までしてきて、具体的な指示を出せず、新たな変化への対応に及び腰なプロセスデザイン社の経理部長

Prologue

働き方改革が
企業の成長源泉

何故働き方改革が必要なのか
経理部門も例外ではないことを知って、
一歩を踏みだそう

Scene 1

生産性を 1.7 倍に上げる

Check Point　経理部門の働き方改革を考えたことはありますか？

「ストップ部長は定年まであとどれくらいなのですか？」

「来年で定年だけど、何で？」

「ストップ部長の後の体制がどうなるのか、心配になったので。」

「次の部長の適任者はいないけど、何とかなるんじゃない。採用は
うまくいっていないけど、プロセス良子さんたちで何とか考えて
よ。」

「そんなぁ。ストップ部長が体制を考えてくれないのですか？今で
も残業続きで、経理部門の人たちが疲弊しているのはご存知です
よね。その上、今後の体制まで任されても…」

「今度、Kaizen 税理士さんに相談してみようか。」

「それは、いいアイデアですけど、ストップ部長はいつも他人事み
たいですね。もっとご自分で考えて欲しいです！」

漫然として状況が変わらない経理部

　プロセス良子さんは、冒頭からストップ部長にかみついていますね。

　そろそろストップ部長が定年を迎えるにあたって、ストップ部長の口から
は歯切れの悪い回答しかないからでしょう。

「ストップ部長の後任が決まっていない」

「採用活動はうまくいっていない」

「その上、現状の経理部門は残業続き」

のようです。

　こういう会社意外と多いのではないでしょうか。私も似たような現場に遭遇したことはあります。手をこまねいていて、時間が過ぎるばかりで何の解決も図ることはできていない状況です。

採用の現場では売り手市場

　日本を取り巻く環境がそのような厳しい状況を作り出してしまったという現状認識がまずは必要でしょう。

　少子化の傾向が続く中で、いわゆる団塊の世代の退職が本格化して、今後はそれ以降の世代の退職が続いていき、労働力人口は減少の一途をたどり始めています。

　定年の年齢を引き上げる動きは出てきていますが、若年層が増えていかないと今後の発展は望めません。若年層の労働力人口が減ってきているために、採用の現場では売り手市場の状況が続いています。

　企業は、採用をしたくてもできないのです。

　やっと採用ができたとしても、次は配属の問題が出てきます。

　会社は稼がなければならない組織です。そうすると、経営者としてはどうしても稼いでくれる部署にまずは人を配属したくなってしまうものです。

　その結果、管理系の部署よりも事業系の部署への配属が優先されてしまって、管理系の部署への配属は後回しになる傾向が強いです。

　経理部門は管理系の部署ですから、そのような扱いを受けやすいですね。

　プロセスデザイン社の場合は、ストップ部長の後任が決まっていないようです。もちろん採用活動を通じて適任者を探すというのも一つの方法ですが、労働力人口が減って採用が難しい昨今では簡単に解決を図れる方法とは言えません。

　本来であれば、社内教育をして適任者が育ってくれていればいいのですが、どうやらプロセスデザイン社では適任者が育っていないようです。

　中小企業の場合、そもそも経理部門の人数が少ないため、組織的に後継者を育てるような仕組みを敷いていないケースは多いと思います。何となく部長の次に仕事がわかっているからというような、ぼんやりとした理由で後継者が決まっている場合も多いです。

　ただ、管理系の部署といっても、経理は企業活動に必要な機能でありますし、ましてこれだけ先が見通せない時代においては将来の企業戦略に役立つ経理指標を提供するという重要な役割を経理部門は担っているので、経理部門を安定的に継承していくことは優先度合いが高い事項と言えます。

　最近上場企業では、コーポレートガバナンス・コードの求めに応じる形でサクセッションプラン（後継者育成計画）を考えるようになった会社も多くあります。ただ、ここでも考えているのは多くは社長や最高経営責任者（CEO）の後継であって、経理部門の責任者の後継について計画立てて実行している会社の数は少ないのが現状です。

　まして、中小企業ともなると社長の後継者問題さえも十分に時間をかけて検討ができていない会社も多いので、経理部門の責任者の後継問題ともなると二の次にしている会社が多いです。経理部門を安定的に継承させていくサクセッションプランの策定も、今後の課題の一つになっていくと考えられます。

日本のサービス産業の労働生産性は低い

　プロセスデザイン社では経理部門は残業続きだとプロセス良子さんは嘆いていますね。

　残業が多いというのは、経理部門に限ったことではありません。

　昨今、日本全体で「働き方改革」というキャッチフレーズが声高に叫ばれていて、どのように仕事のやり方を変えていくのかということが検討・実施されています。

　「働き方改革」の重要なテーマの一つとして、残業時間をいかに削減していくのかというテーマがあります。

　日本には、労働力人口の減少という課題の他にもう一つ課題があります。それは、先進諸国の中で時間あたりの労働生産性が低い部類に属しているということです。

　OECD の2020年のデータによれば、1 時間あたりの労働生産性は上位の国の約 3 分の 2 程度しかないのです。

　特にホワイトカラーの労働生産性が低いと言われています。

　労働力人口が減る中で、提供できる総労働時間は減っていきます。その状況下でさらに、残業時間を減らすということは提供できる総労働時間はさらに減ることになります。

　生産高は、時間あたりの労働生産性に総労働時間を乗じて計算がされます。今の時間あたり労働生産性のままでは、総労働時間が減る以上、生産高が減ってしまうことになります。生産高が減るということは、GDP が減少してしまうということを意味します。

　となると、経済力は世界的に見て下落の一途をたどることになり、経済的な豊かさを享受することができなくなってしまうという、非常に寂しい現実

と向き合わなければなりません。

　そうならないようにするには、残業規制への対応で労働時間が減る中、時間あたりの労働生産性を高めていくことが必須となってきます。

　先進国の上位の国と同等になるには、労働生産性が３分の２ということは、今より1.5倍の時間あたり労働生産性をたたき出す必要があります。

　この上、総労働時間が減るのですから、仮に10％程度の労働時間の削減をしたとすると、だいたい約1.66倍程度の労働生産性をたたき出すことで生産高を一定水準に維持しながら先進諸国の上位に食い込むことができるのです。

　今の1.66倍の時間あたりの労働生産性となるとおよそ３分の２程度の時間で今の仕事をこなす必要があるのです。

　かなりハードなことですよね。今までサボっていたのであればわかりますが、がんばっていたのであれば、相当なカイゼンを図らないと期待される生産性を上げることはできないでしょう。

　ただ、それが今の日本が抱えている課題なのです。

　経済的な豊かさを、少子化の中で実現するには、今の1.7倍の効率化が必要ということです。

　このことは、経理部門も例外ではありません。

　ストップ部長は、効率化を図る要請がない中で仕事をしてきたので、きっと効率化を図ることは仕事の一部と考えてこなかったのでしょう。ただ、これから経理に携わる方々にとっては単に経理業務ができるということだけでは、求められている業務の全てに対応しているとは言えず、効率化を図ることを実現することを求められているのです。

　さらに、経理部門の場合は、効率性だけを追求すれば良いというものでもありません。スピードが上がっても間違いが多くては、経理の仕事として一人前とは言えません。いかに正確に仕上げるかということも求められているのが経理の仕事です。

　スピードと正確性を両立することが求められる経理パーソンということになりますので、その点も意識して経理部門の働き方改革を考えていきましょう。

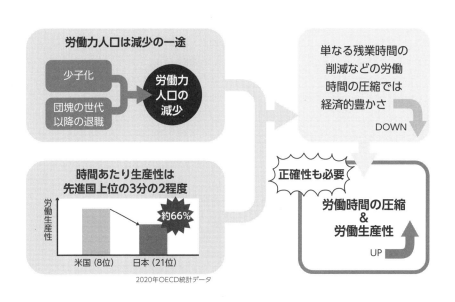

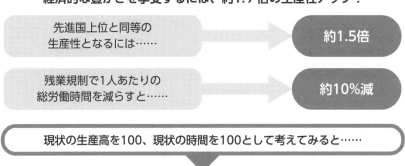

約1.66倍の生産性UPが必要

カイゼンのポイント

✔少子化では採用だけに頼れない！

✔残業時間を減らしながら生産高を維持することも考える必要がある

✔時間あたり生産性を約 1.7 倍に引き上げる努力が必要！

Chapter1

経理部門が
かかえる課題

経理部門を少し遠くから
のぞいてみましょう
そこから課題と解決策が見えて
くるかもしれません

Scene 2 リモートワークと両立させたい

経理部門もリモートワークの恒常化を検討していますか？

Check Point

 「システム部門のメンバーだけリモートワークをして、自分たち経理部門のメンバーがリモートワークできないなんて不公平じゃないですか！」

 「そういわれても、経理がリモートワークするのなかなか難しい気がするんだよね。」

 「何が難しいのですか？やってみたらうまくいくんじゃないですか。」

 「会社に来ないと会計システムへの入力ができないし、請求書などの書類も会社に送付されているからね。」

 「私の友人の会社の経理部門ではリモートワークを導入してうまくいっているみたいですよ。うちって古くないですか？」

 「確かに、システムや紙の問題もありますが、うまく組み合わせることでリモートワークでもスムーズに経理業務を行っている会社もありますよ。」

 「うちの会社にも是非とも導入してください。」

ニューノーマル時代はリモートワークを織り交ぜるハイブリット型が主流か

　プロセス良子さんは、他部門や他社の話を引き合いに、経理部門のリモートワークについて、話をしていますね。

　2020年のコロナ禍の影響で、リモートワークを導入した会社も確実に増えました。

　ただ、確かに同じ会社の中でも部門によって、リモートワークの比率が高い部門とそうでない部門とに分かれています。

　これは、業務の特性によるところが大きい面もあります。

　経理部門がリモートワークをするにあたって、ボトルネックになっている主な事項としては次のものが挙げられます。

　　システムに外部から接続できない

　　紙の書類が多くあり、持ち出しもできない

　　手作業が多く、在宅で行うと効率が落ちる

等々です。

　ただ、働く人の中でも若年の人を中心に、リモートワークの制度がある会社で働くことを希望しているという現実もあります。

　労働力人口が減少する中で、職場の魅力を打ち出して行くためにも、ボトルネックを解消して経理部門がリモートワークを導入できる体制を敷くことも、今後の経理部門の働き方改革の大きなテーマの一つです。

　リモートワークに関しては、一歩先を歩んでいる欧米のIT企業では、新型コロナウィルスの影響で一時はフルリモートに舵を切った会社が多かったようですが、終息後のあるべき勤務体制については、別途見直しを行ってい

るようです。

その中で比較的よく言われているのは、出社とリモートワークを組み合わせたハイブリッド型が組織の活性化のために望ましいという考え方です。

出社することにより、対面での会話による議論の活性化やタイムリーな部下への指導等が期待されます。一方、リモートワークには、通勤のストレスからの解消や、通勤時間分を自分の時間に充てることによるワークライフバランスの向上、他からの干渉が入らずに集中して業務を遂行できるといった利点もあります。

ハイブリッド型の勤務形態の場合、両方の良いところを活かしながら業務を遂行できるので、あるべき姿の一つとして考えられているのでしょう。

いずれにしても、経理部門でもあっても今後の勤務スタイルにリモートワークを導入していくことは、時代の流れといえるでしょう。

生産性の向上との両立が大きな課題

ただ、Scene1 でお話したように働き方改革の大きなゴールは生産性の向上を図ることです。

リモートワークを交えることで生産性が低下してしまっては本末転倒なので、いかに生産性を向上させながら実行していくのかが課題となります。

システム面や紙の書類から解放されるペーパーレスに関しては、クラウドシステムを活用することが一つの解決策になりますし、手作業からの開放というテーマに関しても AI-OCR や RPA といったツールの活用が解決への一助となります。

具体的な方策等は、今後の Scene に織り交ぜていきます。

　また、リモートワークの導入実績は調査機関の調べによると大企業の方が、中小企業よりも導入率が高いようですが、これは、働き方改革の推進状況との相関関係が高いように考えられます。

　経理部門は決算業務が年次や月次レベルであるので、比較的残業をすることが当たり前となっている会社も一定数あります。そのような背景から、そもそも働き方改革を実施するのは難しいと考えて先送りをした会社と、逆に繁忙期の業務量が多くてピーク時の山が高い部門なので、その山をなるべく切り崩すべく優先的に働き方改革の推進部門に選抜した会社もありました。

　結果はどうかというと、後者の推進を加速させた会社の場合は、業務の効率化が進んでいて、実はコロナ禍においてリモートワークもスムーズに実践ができていたのです。

　働き方改革を進める際に必要なシステム投資を行って、一足早くデジタルトランスフォーメーション（DX）を実践していた会社もありました。

　このように、働き方改革の推進とリモートワークの実践状況には親和性があると考えられますので、リモートワークの実践を諦めかけている経理部門の方は、これを機に働き方改革の実現と同時にリモートワークの両立も目指してみませんか。

経理は季節労働的だから諦め!?

課題と傾向

✓ 経理は比較的１ヶ月や年間の中でも繁閑差が大きい部署
✓ 働き方改革を優先した会社と先送りした会社に二分

✓ 繁忙期の山を崩すために"業務の標準化"と"システム投資"を同時に実施
✓ コロナ禍でのリモートワークは働き方改革を優先した経理部門は比較的スムーズ

カイゼンのポイント

✓ 魅力ある経理部門にするためにもリモートワークの制度導入
✓ リモートワークのボトルネックは、紙とシステムが主な要因
✓ 働き方改革を推進することで、リモートワークの実践も同時追求可能

Scene 3

経理業務をリスト化する

経理業務を分解したことはありますか？

Check Point

 「経理部に業務のリストみたいなものはありますか？」

 「そう言われれば、私は入社してから見たことないですね」

 「毎晩仕事で遅くなっているようですが、どの仕事にどのくらい時間がかかったとか、どうしたら残業時間を減らせるかの手がかりがない状態ということですね。」

 「言われてみれば、今までのやり方を踏襲しているだけで、仕事のやり方に問題があるなんて考えたこともなかったです。」

業務リストは効率化のスタートライン

　プロセスデザイン社では、経理部門の業務リストがそもそもないようです。業務の効率化を図っていくのであれば、まずは現状の分析が必要になります。その際に、仕事リストを準備することは最低ラインと言えます。

　業務リストを作成したらそれをもとに分析を始めます。分析するときに意識すべき視点は、「現状の仕事のやり方は効率的か」という点です。どうしても、今までの仕事のやり方に慣れていると現状を変えていくことには苦痛を感じてしまいがちです。ましてや、経理部門に複数のメンバーがいれば現

状を変えるということは、他のメンバーを否定していることにもつながりかねず、あえて切り出すことはしない人も多いと思われます。

　ただ、現状の業務のやり方が効率的でなければ、変えていくべきです。

　具体的に業務を分析する方法について考えてみましょう。

　まずは、現状の業務を大分類で分けます。例えば、資金に関する事項、債権に関する事項、固定資産に関する事項といった区分です。さらに、それを中分類として分解します。資金に関する事項を小口現金、預金取引というようにさらに細分化します。会社の規模が大きく経理業務が複雑であればここからもう一段小分類まで分けた方が、業務を把握するためには望ましいかもしれませんので、その点は臨機応変に対応していただければ良いと思います。

　分解するときのポイントは、ある程度細かい粒度まで分解することです。あまりにも大きなくくりでしか分解をしないと、いざ業務を見直そうとしても着手するのがかなり困難に思えてしまうからです。細かい単位になっていれば手直しをするにもそれほど負担を感じずにできるケースは多くあります。

　あまりにも目標が大きすぎると踏み出すことすら難しくなってしまいますが、小さな目標であれば、達成するための手段も設計しやすくなります。その結果、実際に達成できたという経験は皆さんもお持ちかと思います。ですから、業務リストを作成する際は、ある程度細かい粒度に分解することをおすすめします。

業務をリスト化する

業　　　　務			現状の内容	責任者	担当者
大分類	中分類	小分類			
資金	小口現金	入金	×××	S部長	P良子
		出金	×××	S部長	P良子
	預金	入金	×××	S部長	▲▲
		出金	×××	○○	▲▲
債権	請求	現金	×××	○○	▲▲
		掛請求	×××	○○	▲▲
	回収	×××	×××	○○	▲▲
		×××	×××	○○	▲▲

理想を考えてから現実とのギャップを埋めよう

　分類ができたら、次は分析となりますが、まずは現状をいったん無視して「どうやったら一番効率的かな」と考えるようにしましょう。つまり、あるべき姿をイメージします。

　理想の業務スタイルをここで定義づけますので、今までのやり方や考え方から離れて考えることが重要です。

　視野を広く持って、自分で理想と考える業務スタイルを提案したとしても、メリットだけではなくデメリットがあるかもしれません。そのようなマイナス面も勘案して何がベストなやり方なのかを考えることで重要です。

　試行錯誤の上で、理想のスタイルが決まったら、その上で、現状とあるべき姿の違いを認識します。

　どうしたらあるべき姿に変えられるのかをこの段階で明らかにしていきます。

　あるべき姿にできない障害を挙げていくことで、何が課題なのかが明確になってきます。

ここここまで来たらあとは、具体的なアクションプランを練ることになります。その上で、実際にアクションプランを実行してうまく業務がまわるのかどうか、まわらなければ何が問題なのかを実施後に再度検討します。

経理業務において、いわゆる PDCA を実践するのです。

業務を分解して、計画を立てて、それを実行して、実施の状況を確認し、さらに課題があればやり方を再構築していくということを繰り返します。

リスト化した業務を分析してみる

業務	チェック項目	現状	理想	阻害要因	アクションプラン
仮払処理	×××			できない理由を認識する	○○○
	×××				○○○
	×××				○○○
経費処理	×××				○○○
	×××				○○○
	×××				

理想と現状のギャップ メリット・デメリット分析

どうやったらできるか決定

ひとつのサンプルを例に考えてみましょう。

小口現金の出し入れの管理が煩雑となっている会社が、小口現金管理の業務分析をしたとします。その結果、出し入れにかかる時間をなくすには、いっそのこと小口現金をなくしてしまうのが、あるべき姿ではと仮説を立てたとします。

ただ、理想と現実には、ギャップがあります。いままで日々社員からのリクエストに応じて現金を渡すのをなくす代わりに、どのように社員に現金を

渡していくべきか、ということが課題になります。

　そこで、それを解決するために全て社員口座に精算金を振り込むようにしたとします。その頻度をまずは2週間に1度と決めます。

　実際に運用をして社員の不満がないかどうかを確認したら大口の経費は立て替えるのが厳しいという声があがりました。そのほかに、2週間に1度だと頻度が少ないという要望も出ました。

　そこで、大口の立替に対応するためにコーポレートカードの利用を一定以上の職位の社員に認めて、大口の立替をしなくて良いようにしました。また、精算の頻度を2週間に1度から毎週1度に変更して、社員の立替期間が短くなるように変更しました。

　この結果、小口現金をなくして小口現金管理に時間がかからなくなることを実現すると同時に社員の不満解消も実現できたので、Win-Winの関係が成り立ったということになります。

業務を分解して理想に近づけてみる

小口現金
をなくす？

理想と現状の ギャップ分析	阻害要因の 分析	アクションプラン を立てて実践	チェックする
【現状】小口現金 の管理が煩雑、 時間もかかる 【理想】小口現金 がなくなれば効 率化に	どのように社員 に現金を渡す？	社員口座に精算 金を振り込む	大口経費への 対策 頻度の改善

計画実行後のフォローが大切

　業務分析をして、一つ一つの業務の最適化を図ることは有意義なことではありますが、企画をして実行するまでで終わることなく、その後の状況を確認して、必要に応じて手法を切り替えていくことが肝要です。

　たまにあるケースとしては、業務分析リストを作るところまではがんばったのですが、その後実行に移した後のフォローアップをしなかったため、結果として理想までたどり着かないというケースです。

　また、当時は理想と考えられた業務スタイルが時代の流れの中で陳腐化しているにもかかわらず、見直しをすることなく脈々と実施がされていることもあります。

　時代の変化は早いです。業務リストは作成しただけで満足することなく定期的なフォローアップをするようにしましょう。

カイゼンのポイント

V 業務を分析して現実から理想に切り替えるギャップを認識する
V 理想に向けての実践を始めたら事後フォローを確実に行う

Scene 4
コア業務を強化し、ノンコア業務を定型化する

戦略的に強化すべき業務と外部委託すべき業務とを
分けて考えたことはありますか？

Check Point

「とにかくどんな仕事もがんばります！」

「やる気があっていいですね。でも、経理部門の仕事でコアな業務ってどんな業務か考えたことありますか？」

「コア…ですか？それって企業戦略の話で、経理と関係あるのですか？それに、目の前の処理をしているのが精一杯で何が重要かなんて考える余裕はないですよ。」

「それでは、一度時間を割いて、経理業務の中での優劣を考えてみましょう。そこで時間を割けば将来時間に余裕が生じさせることができると思いますよ。」

経理のコア業務は、過去のとりまとめよりも分析や未来予想

　Kaizen 税理士がコア業務と言っていますが、コア業務というのは、自社にとって重要な業務をいいます。企業戦略上、企業の強みである能力やノウハウに集中して競合他社を圧倒するように経営することをコア・コンピタンス経営ということがあり、プロセス良子さんが言うように通常企業戦略について語るときに、「コア業務は何か」ということを検討することはあります。

　実は、この考えを経理業務に当てはめると経理業務の改革が前進します。

　まず、経理業務のうち、何がコア業務になって、何がノンコア業務になるのかを考えます。

　会社の置かれた状況や環境によって、異なる面もあると思いますが、概ね次のような区分になるのと思います。

　まず、経理業務の中で、競争力の源泉となるようなコア業務にはどのようなものがあるでしょうか。

　　予算の策定や予算実績分析

　　利益計画の策定

　　管理会計の仕組み作りと結果の分析

　　投資戦略、ファイナンス戦略策定

などは、コア業務と言えるでしょう。

　それに対して、ノンコア業務としては次のようなものが挙げられます。

　　日々の伝票入力業務

　　経費の精算業務

　　得意先への請求業務

　　取引先への支払業務

　　月次・年次決算業務

などは、それぞれ業務としては会社にとってなくてはならない業務ですが、必ずしも会社特有のノウハウではないと考えられます。

経理にもコア業務とノンコア業務がある

経理業務では…

| コア業務 | → | 競争力の源泉となる業務
（いわゆる本業） | → | ・予算や利益計画策定など
の管理会計
・投資戦略、ファイナンス
戦略策定 |

| ノンコア業務 | → | コア業務以外の
企業活動に必要な業務 | → | ・伝票起票から月次・年次
決算業務
・支払、請求書発行などの
日常業務 |

コア業務とノンコア業務を定型・非定型に区分してみる

定型・非定型区分	ノンコア業務	コア業務
定型業務	請求書にもとづく経費計上・支払い業務など	管理会計資料作成など
非定型業務	減損会計や引当金などの見積り、税務申告書の作成など	管理会計資料にもとづく経営意思決定サポート

ノンコア業務を定型化する

　ここで選ばれたノンコア業務をどのように処理していくのかが経理の効率化のキモになってきます。

　ノンコア業務の効率化を考える場合に、考えるべきキーワードは、「定型」

と「非定型」です。

「定型」というのは、仕事のやり方が型にはまっていて、誰でもできるような状態になっていることを指します。

それに対して、「非定型」というのは、仕事が型にはまっておらず、誰でもできるような状態になっていないことを指しています。

ノンコア業務は、比較的「定型化」を図ることが可能な場合は多いです。定型化が図れれば業務の代替性が高まることになり、働き方改革を推し進める一助となります。

定型化を図っていく上では、二つの視点で考えると前進します。

一つ目の視点：業務のルールを決める

上で説明したとおり、定型化できるということは誰でも業務ができるということにつながります。そうすると業務の流れを統一化することが必要になってきます。

例えば日々の伝票入力であれば、入力のひな型を決めたり、入力項目を決めたりします。

形式と入力項目が決まっていれば、判断を要する事項が少なくなり、誰でも作業ができるようになるのです。

DXが進んだ最近では、定型化することで入力する必要もなくなり、データの取込みをすることで業務が完結することも多くなっています。

これに対してコア業務にあたるものに関しては、判断を要する事項が多いので、定型化することは難しい場合が多いです。

財務分析を例にすると、比率分析等は算式を組めば算出することはできますが、その結果どのようなアクションをすべきかを決める業務はコア業務で

あり、人間が知能をフル回転して行わなければなりません。

　ノンコア業務に関して、業務の流れが決まれば、正社員ではなく派遣社員やアルバイトでも業務を遂行することができるようになります。あるいは、外部のアウトソーサーに依頼することもできます。

　こうすることで、正社員は経理業務の中でもコア業務に注力できるようになるのです。

二つ目の視点：システムにのせられるか検討する

　定型化するための考えるもう一つの視点は、システムに業務をのせられないかという点です。

　この点も詳細は Scene8 で説明をしますが、例えば経費精算であれば、専用のシステムを導入することで業務を定型化させることが可能です。

　システムにのせるにあたっての重要なポイントは、システムに業務を合わせることです。システムがあるにもかかわらず、システムの使い勝手が悪いという理由で、例外処理をシステム外で行うことを許容してしまうと、いつまでも定型化がされません。あくまでも導入したシステムの中で実施するようにしましょう。

　そのため、システムを選定する際は業務をシステムに合わせることが可能なのかということはしっかりと見定めましょう。

　もちろん、例外処理が頻繁に起こる取引形態であれば、システムをカスタマイズして例外処理がシステムでできるように調整することも選択肢の一つです。

　このような経理業務の中で何がコア業務で何がノンコア業務であるのかを

峻別し、ノンコア業務で定型化できる業務を正社員以外に作業してもらいます。その上でコア業務に正社員が従事できる時間をできるだけ増やしていって会社の成長に経理部門が貢献できるようにしましょう。

まずは定型・ノンコア業務の効率化を実践する

業務の区分	定型化	システム導入
定型・ノンコア	非常に向いている	非常に向いている
定型・コア	向いている	向いている
非定型・ノンコア	向いている	一部向いている
非定型・コア	難しい	一部向いている

ノンコア業務　→　定型化　→　システム活用

カイゼンのポイント

✓ 経理部門にとってのコア業務は何なのかを見極めよう！

✓ ノンコア業務を定型化できないか考えよう！

✓ 定型化された業務は、誰かに頼んでしまうのも一つ

属人化から脱する

Scene
5

特定の１人のみで行っている業務はないですか？

Check Point

「主任が今日からインフルエンザで出社できなくなったので、プロセス良子さんの方で主任の仕事を引き取ってくれないかな？」

「はい、わかりました。具体的に何をするのか誰に聞けばいいですか？」

「それが、誰もわからないのだよ…」

「…」

ブラックボックスでは誰も助けられない

　どうやら１人の人しか業務内容を把握していない業務があるようですね。特定の人のみで仕事をしているとブラックボックスになってしまって、誰もその中身を知ることができなくなってしまいます。

　その人が業務を継続して実施してくれているうちは良いですが、退職をしてしまった場合などは、引継ぎは困難を要します。長期休暇となってしまう場合も同様です。

　また、特定の人しか業務に関わっていないと、誰の目も気にせず業務ができるので、非効率なまま業務が進んでしまっているケースもあります。

　長年経理をしていた経理部員が退職することになった現場をのぞいてみる
と、次のようなことが繰り広げられているケースが多くあります。

　具体的には、複数人体制で業務を実施していなかったために、担当者しか
業務を把握していない状態で担当者の退職が決定し、急遽引継ぎが行われる
ケースです。

　この段階で適切に引継ぎをしてくれるのであれば、なんとか担当者の退職
後も業務がまわると思いますが、退職する社員の場合は、引継ぎに熱心でな
い人も多く、ろくに引継ぎもないまま退職となってしまうこともまま見受け
られます。ひどいと引継ぎすら行われずに退職するケースもあります。

　Scene15で説明しますが、マニュアルを作っておくことでこのような場合
にリカバーすることができますが、それさえもなければ、見よう見まねで過
去の資料をひもといて考えるしかありません。引き継ぐ人の能力が高けれ
ば、そのような状態からでも適切に仕事を遂行できるかもしれませんが、能
力が劣っていれば、仕事の質が劣化することが予想されます。あまりにもひ
どい状態で引継ぎをしなければならない場合は、嫌気がさして引き継ぐ人ま
で退職してしまうなんてことにもなりかねません。

　このように特定の人しか業務に携わっていないと、いざというときに残さ
れた社員が不安になってしまいます。

1人だと非効率でも誰からも指摘されない

　ありがちなのは、特定の個人が長く業務を行っていると非常に非効率に仕
事を進めてしまっているケースです。

　少しうがった視点で考えると、本人の仕事の効率性を誰もチェックしない
のであれば、のんびりと仕事をしようと考える人もいるでしょう。どうせ給

料は変わらないのだから、急いで仕事をして他にもたくさん仕事をするよりも、のんびりと自分のペースで仕事をしてしまおうという考えです。

　誰かと一緒に仕事をすればお互いに牽制をしたり、もっと効率的に仕事をしようと考える機会もありますが、属人化するとそのような機会がないので仕事に革新性が生まれないのです。

　逆に優秀な人が仕事をしている場合も悲劇は起きます。頭の中で全て理解しているという理由で、文書化・マニュアル化がされていなかったり、かなり複雑なやり方で仕事を進めている場合、たとえ効率的なやり方だったとしても引継ぎが容易でないということもあります。普段から複数人体制で仕事をしていれば、そのような場合でも引継ぎはできますが、いきなり退職や長期休暇に入ってしまっては業務を安定化させるように仕事を引き継ぐのは容易でないでしょう。

一番恐ろしいのは不正が容易にできる環境の提供

　さらに、特定の人のみで仕事を行っている場合に、悪質なケースだと不正が行われることもあります。

　プロセスデザイン社とは別のX社の例で見てみましょう。

　X社では経理部長は役員からの信用が高く、10年以上その会社で経理一筋でした。経理部員は数名別にいましたが、お金の送金を取り扱う業務は誰にも任せられないということで限られたメンバーだけで実施をしていました。

　部下の1人が支払いのための下準備をしていましたが、最終の支払承認は長年経理部長が行っていました。部下が作成したものを上司がチェックして送金をかけるという一定のチェック体制の中で業務が遂行されていましたが、陰で不正が行われていました。

　経理部長は、部下が作った支払データの他に、自分の利得のために作った会社宛の送金データを作って少額を長い期間にわたって送金をし続けていたのです。

　支払データの最終承認者は、追加の支払データを作ることもできましたし、経理部長を管理監督すべき担当役員も、経理関係に詳しくなかったので、経理部長に仕事を任せっぱなしで、送金データのチェックなどは全く行っていなかったのです。

　また、不正送金した分の経理処理も経理部長が自ら起票をして仕訳入力することで誰のチェックも受けることなく、何事もなかったかのように不正支出が続いてしまったのです。ここでも毎月の試算表の中身や仕訳のチェックを誰か別の人が行えば、おかしな出金があることに気付いて不正は長く続くことはなかったと思われます。

　このX社のケースでは職位が高い人の不正なので簡単に防ぐことはできません。ただし、さらに上の上司がチェックをしたり、事後的な処理内容の確認を他の部員が行う体制があれば気付くことはできたはずです。

　不正送金による横領が行われるケースは、たいてい1人で資金送金ができる環境となっており、他の人がチェックできないようになっているか、チェックしていないケースが多いです。属人化することの弊害を認識しておきましょう。

　以上見てきたように特定の1人のみで仕事をしていると、様々な弊害が潜在的に存在することになります。

　具体的には、

　「本人以外、業務が誰にもわからなくなる」

　「退職時に引き継ぐ人が困難を伴う」

　「業務効率が悪い状態となっている」

「不正が行われる可能性が生じる」

といったような負の遺産です。

複数で業務を実施することで生まれるメリットの数々

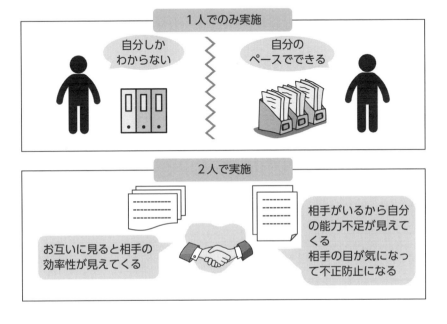

マニュアルの作成とジョブローテーションが鍵

　それでは、このような不安を取り除くには、どのようなことをしていく必要があるでしょうか。

　主な対策としては次の二つを挙げることができます。

　　①　マニュアルを作るなど文書化を図る

　　②　定期的に人員配置を換える

①については、Scene**15**で解説しますので、ここでは割愛します。

　それでは、②の定期的な人員配置について考えてみましょう。社内に異動の制度やジョブローテーションの制度が根付いている会社であれば、自動的に担当者を切り替えることになるので、属人化が問題となることはありません。この場合の主な課題は、どの程度スムーズに引継ぎを行うことができるかどうかです。

　比較的規模が大きな会社であればジョブローテーションの仕組みがありますが、会社の規模が小さい場合は必ずしもそのような制度はありません。また、会社によって経理は専門的な業務だという理由で、経理部に入ったら原則他の部署への異動はなく、また、受け入れることもないということがあります。

　そのような場合には、どうしたら良いでしょうか。

　まずおすすめするのは、部内で定期的に仕事を交換する方法です。完全に経理部門に1人しかいないケースであれば、それさえもできませんが、2人以上の部員がいるのであれば、一定期間経過後（例えば2年経過後等）に仕事を交換します。会社に残った部員同士で交換するのですから、退職者が引継ぎする気がないということはなく、きちんと仕事が回るように引継ぎが行われます。また、お互いに交換するので、相手に迷惑はかけられないと思うのと、非効率な仕事ぶりであると思われたくもないでしょうから、業務効率を常に考えて仕事をするようになります。

　例えば、効率的に自分の仕事を行っていれば3時間かかる業務は、仮に他の人が行ったとしても3時間程度になると思います。ただ、非効率に行った結果3時間かかっていたとして、引き継いだ後で引き継いだ人が仕事のやり方を効率的にすることで、1時間程度で仕事を仕上げてしまったら、周りにはどのように映るでしょうか。

　恐らく、前任者はいかに無能であったのかという風に映るでしょう。ですから、そうならないようにするためにも常に業務効率を上げて仕事をするようになるのです。

　また、もう一つの方法は、2人体制で仕事をする方法です。2人体制で仕事をすることで、仕事の交換の例と同様に牽制機能が働いて業務効率が上がるようになります。ただ、2人体制で行うと一つの仕事を2人で実施するので、1人で一つの仕事を実施するよりも余分に時間がかかってしまうことの方が多いです。ですから、それぞれの役割を決めて時間が過剰に増えないように調整することは肝要です。

　2人体制にしておくと、相手が急に休んだとしても、もう一方にとっては普段から実施している業務なので、引継ぎを行うことなく、業務を遂行できます。

　働き方改革では、休暇を取りやすくすることも課題の一つですので、2人体制は休暇の取得にも一役買ってくれます。

　2人体制にすることは、メリットが多いですが、体制を作るには一定の人員を確保するという採用の問題はあります。人がいないことには複数で業務を実施する体制は築けませんので。

　それと、もう一つ、2人体制となったときに2人が結託して楽な道を選ばないように適切にマネジメントすることが重要です。2人して、「非効率に働いてもいいんじゃない」となってしまっては牽制機能が働かず、全体の効率が悪化することになってしまいます。

　そうならないようにするため、上司が適切に業務内容や進め方をチェックすることが重要になってきます。

ブラックボックス化を脱却するワザ

マニュアル

マニュアル作成　　定期的な配置転換ジョブローテーション　　適切なマネジメント

カイゼンのポイント

✓ 定期的に業務を交換しよう

✓ 2人体制で仕事をすることで牽制機能が働く

Chapter2

ムダを省く経理のテクニック

今の作業がベストなのか？
ムダを削って時間を生み出しましょう

Scene
6

小口現金はなくしてしまう

小口現金を会社に置いていませんか？

Check Point

「プロセス良子さん、今度出張に行くから3万円仮払いしてくれますか？」

「今立て込んでいるのですが…、後でじゃだめですか？」

「こっちも忙しいから、急いで、今してくれない？」

「わかりました、金庫から出して来るから待って下さい。それから受領書にサインをしてくれますか。出納帳に出金の記録をして、その後で伝票起票して、仕訳入力をしなくちゃ。」

（終業時刻少し前）

「ストップ部長、そろそろ17時なので、金庫を締めたいと思います。残高確認をお願いします。」

「うん、それでは実際の現金と出納帳が合っているか確認しよう。」

「ストップ部長、26円だけ残高と合っていませんでした…」

「むむむ、少額とは言え合致していないとなると原因を分析しないといけないなぁ。」

「今夜も遅くなりそう…」

小口現金が経理部員の作業効率を悪化させる

　プロセスデザイン社では、小口現金を社内に置いているようです。

　小口現金は、社内に置いていることで様々な便利な面があります。

　例えば、社員が経費を使うときに小口現金があれば仮払金を受け取ることができます。お金を立て替える必要もなく、速やかに仮払いをしてもらえれば、社員にとっては、望ましい制度です。

　ただし、経理部門では担当者が社員から言われた都度、小口現金を出すことを優先してしまうと、作業途中の業務の中断を余儀なくされます。仕事は集中して実施できれば効率化されますが、中断すると再び業務に戻るまでムダが生じることになります。

　また、小口現金がある場合は、現金の在り高と出納帳の残高が一致していることを毎日確認する必要があります。この際、1人のチェックだけで済ませてしまうと不正が起きる可能性がありますので、通常上司が確認を行います。残高が合わない場合は、原因を確認する必要がありますので、その分追加で時間を要することになります。

　小口現金はあると便利な面も多いですが、経理部門の負担はかなりあるのも事実です。

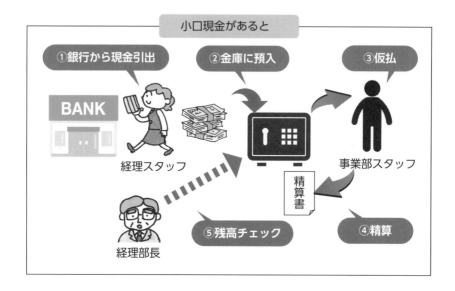

　そこで、これらのムダをなくすために実施すべきことは、極めてシンプル
です。

　実施すべきは、「小口現金をなくしてしまう」ことです。

　小口現金がある会社にとってはかなり衝撃的なことかもしれませんが、実
際に多くの会社で小口現金をなくすことを実践しています。

　また、小口現金をなくして精算する方法ですが、リモートワークを前提と
している会社はこの方法を適用することで、スムーズに精算業務が行われて
いますので、リモートワーク制度を導入しようと考えている会社にとっても
必要性の高い手法です。

タイムリーな精算とコーポレートカードが代替手段

　それでは、仮払いをしない代わりにどのように対応するかというと、
「社員に立て替えてもらって、後日精算金を社員の個人口座に振り込む」
「コーポレートカードを社員に持たせ、それで支払いをしてもらうことで
社員が立替をする必要がなくなる」
といった方法が一般的です。

　立て替えてもらって、後日精算する方法の場合、もちろん一時的に社員が
立て替えることになりますが、精算のタイミングを短くすることで立替の期
間を短くすることができます。

　ただ、この精算のタイミングも会社でルールを決めておかないで、依頼が
あった都度振り込むようになってしまうと、振込みの回数が増えて経理部門
にかかる負担が重くなってしまいます。

　タイミングを短くするとしてもせいぜい週に1回の精算とするのが妥当で
しょう。立替金額が少額な会社であれば、月に1回の精算でも十分かと思い
ます。

　次に、コーポレートカードを社員に持たせる場合ですが、カードを使える
支払いであれば、社員に立て替えてもらう必要もないので、社員にとって優
しい制度といえます。さらに、コーポレートカードの支払データを会計仕訳
として会計システムに取り込むことができる場合もありますので、この場合
は仕訳作成や仕訳エントリーの時間も削減することができます。ただし、
コーポレートカードで支払うことができない場合は、社員に立て替えても
らって、後日振り込むことで対応することになります。

　いずれの方法でも、手数料がかかります。前者であれば金融機関の振込手
数料、後者であればカード会社に支払う手数料です。

　最近では、QR コードを活用した電子決済で支払いと受取りの両方に対応する経費精算システムもあり、精算方法の選択肢は拡がってきています。

内部コストは見えない分、気にされないことが多い

　直接的に外部に支払う費用があると、それだけで導入に後ろ向きになってしまうこともあるでしょう。

　ただ、実際は小口現金を持つことは、その業務にかかる人件費を負担することになり、内部コストがかかっていることを認識する必要もあります。振込手数料等と小口現金管理に伴う人件費とを比較考慮して小口現金をなくすことに挑戦してみましょう。

　なお、全く小口現金を使わない場合も災害時用に一定額だけ会社に現金を置くことを考えても良いかもしれません。通常は小口現金は使わないのですが、災害が発生したときなどは必要な食料等を調達するときに現金が必要になることも想定されます。そのような有事の時のために特別に金庫に置いておくのです。この場合は、期末などは現金実査の必要はありますが、日々の出金・入金がなければ、毎日実査する必要はないと思いますので、それほど手間にはならないでしょう。

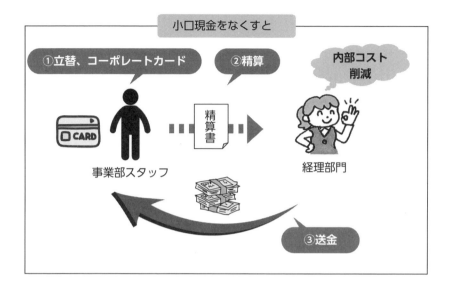

（図中テキスト）

小口現金をなくすと

①立替、コーポレートカード　②精算　内部コスト削減

CARD　事業部スタッフ　精算書　経理部門

③送金

カイゼンのポイント

✓ 小口現金をなくして全て預金口座からの振込に変更しよう！

✓ 立替精算のタイミングとコーポレートカードの利用を検討しよう！

✓ 小口現金にかかる内部コストを認識しよう！

Scene
7

マスタ設定を制するものは時間を制する

会計システムのマスタをうまく活用できていますか？

Check Point

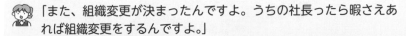

「また、組織変更が決まったんですよ。うちの社長ったら暇さえあれば組織変更をするんですよ。」

「そうしたら、また会計システムで部門の追加設定をしないといけないですね。」

「本当は、そうなんでしょうけど、面倒だから設定しないまま処理しちゃっているんです。」

「設定しないと後で集計するのに困りませんか？」

「摘要に部署名入れているので、あとでデータをはきだして、部署名で集計しようと思っています。Excel は結構得意なので !!」

「マスタ設定した方が、よっぽどラクだと思いますけど…」

マスタ設定は面倒くさい？

　プロセスデザイン社は、組織変更が頻繁に行われているようですね。組織の活性化のために、期中でも組織変更を頻繁にする会社は実際にあります。

　期中で組織変更をすると面倒なのは部門別の会計を新しい組織に合わせて集計をする作業です。

　プロセス良子さんは、新しくできた部署を会計システムの部門マスタに登

録するのが面倒だという理由で登録しないようです。その代わり、仕訳入力の際に登録した新しい部署名を後で集計して部門別の計算をするようですね。

　もちろんプロセス良子さんのようなやり方でも集計さえすれば結果は同じになると思います。

　ただ、本来は Kaizen 税理士が言っているようにマスタを設定した方が、断然効率的です。

　このケースの場合は、新しくできた組織を会計システムの部門マスタに設定をして、その後の取引で新設部門で発生した損益項目を新部門のコードで処理をすれば、後日新部門の損益が集計されることになります。

　今回のケースは単純なケースなのでマスタ設定を面倒くさがる人は少ないかもしれませんが、実務ではもう少し複雑なケースでマスタ設定を面倒くさがってしないがために、後日の処理が非効率になっているケースにはまま遭遇します。

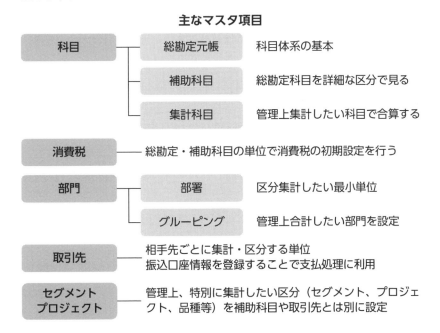

主なマスタ項目

科目	総勘定元帳	科目体系の基本
	補助科目	総勘定科目を詳細な区分で見る
	集計科目	管理上集計したい科目で合算する

消費税 — 総勘定・補助科目の単位で消費税の初期設定を行う

| 部門 | 部署 | 区分集計したい最小単位 |
| | グルーピング | 管理上合計したい部門を設定 |

取引先 — 相手先ごとに集計・区分する単位　振込口座情報を登録することで支払処理に利用

セグメント プロジェクト — 管理上、特別に集計したい区分（セグメント、プロジェクト、品種等）を補助科目や取引先とは別に設定

管理資料の集計がサクサク可能

　マスタを設定することで業務が効率的になるケースとしては、次のようなことが挙げられます。

- ・勘定科目マスタに補助コードを設定することで、補助単位での集計が可能になる
- ・取引先マスタの支払情報を登録することで、支払処理の際に、改めて支払情報を登録する必要がなくなる
- ・勘定科目ごとに最も発生確率の高い消費税コードを事前に設定しておくことで、経理処理をした際に、消費税コードを修正する手間が少なくなる
- ・部門単位の集計とは別にプロジェクト単位（案件単位）での損益実績を集計する場合に、プロジェクトマスタにプロジェクトコードを設定しておくことで後日集計ができる

　どのような集計をしたいのかが決まっているのであれば、それに合わせるようにマスタ設定をすることで、やりたいことが実現できます。

　マスタ設定をするにあたって重要なのは、始めにゴールを決めておくことです。後から考えようとしてゴールを決めずに走り出してしまうと、結果として集計ができなかったり、マスタの設定をし直したりすることになり、二度手間が生じることになってしまいます。

　始めに苦労して、後でラクをするのか、始めにラクをして後で苦労をするのか、どちらがいいですか？

　後でラクな方がいいですよね。

　ですから、プロセス良子さんのように後でできるからマスタ設定は先送り

したり、面倒だから設定しないなんていう思考にならずに、ゴールをイメージしてマスタの設計をしてから業務を進めるクセをつけましょう。

前さばきに時間をかけるか、後さばきに時間をかけるか!?

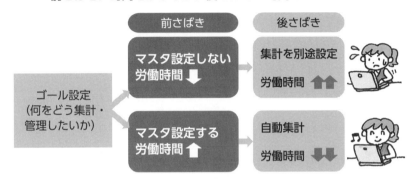

ゴール設定	マスタ設定	集　計	状　　態
しない	しない	都度集計	始めラクした分、後々ずっと大変
する	する	自動集計	一度設定したら後はずっとラク

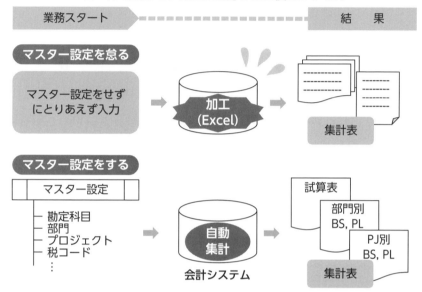

ゴールを決めて、始めに苦労したら後はラクちん

カイゼンのポイント

✔ システムを効率的に使うには、マスタ設定がキモ！

✔ 勘定科目マスタ、部門マスタ、消費税マスタなどを活用する！

Scene
8

社員の経費精算は効率化の宝庫

社員の経費精算の仕訳をイチから仕訳入力していませんか？

Check Point

「何をしているのですか？」

「社員の経費精算業務を行っているところです。今は紙で提出された精算書を見て伝票入力をしていますけど、これが終わったら社員のみんなに振込みをするためのデータを作成して明日には送金しないといけないのです。」

「書類の山を見るとかなり遅くまでかかりそうですね。」

「毎月経費精算の仕事をするときは遅くなりますが、今日も例月通り遅くなりそうです…」

「伝票を入力している作業がムダなようなので、それがなくなるともっと早く帰られそうですね。」

「伝票入れなくいいのですか？！」

手作業では、同じデータを複数入力

　Kaizen 税理士が言っている「伝票入力がなくなる」というのは、少し省略しすぎたコメントのようですが、プロセス良子さんが現在行っている作業はかなりスリム化できそうです。

　プロセスデザイン社では、紙の経費精算書を社員から収集して、それをも

とに経理部門で伝票入力をしているようですね。

　仕訳としては、以下のように経費を計上して、対応する債務を計上することになります。

　　（借方）　経費　　×××　　（貸方）　未払金（社員）　×××

　伝票入力とは別に、社員の口座に振り込むためのデータの入力作業も行っているようです。インターネットバンキングを活用しているようであれば、振込金額をインターネットバンキングの画面に登録して、送金作業を行います。

　送金を実施した後には、送金にかかる仕訳を入力します。

　仕訳としては、以下のように計上していた未払金を取り崩す仕訳になります。

　　（借方）　未払金（社員）　　×××　　（貸方）　預金　　×××

　今の話を整理すると概ね次のようなプロセスを経ています。

　　①　社員が経費精算書にデータ入力

　　　　　　↓

　　②　経理部員が経費精算書を見て、仕訳を入力

　　　　　　↓

　　③　経理部員が経費精算書を見て、支払データを作成して、送金

　　　　　　↓

　　④　送金実績をもとに、支払の仕訳を入力

　よく見ると同じようなデータを4回も入力していますね。

　①と②は入力している人は違いますが、日付、金額、内容（仕訳の場合は勘定科目）、負担部門等といった項目は、いずれも共通しています。

　また、③と④についても、金額は、①や②と同じ情報です。ただ、③で支払口座情報を別途把握して登録する必要はあります。

　このように概ね類似した情報を何回も入力していることは時間のムダです
よね。

　最近では、このようなムダをなくすために、経費精算のシステムを導入し
ている企業が多くあります。

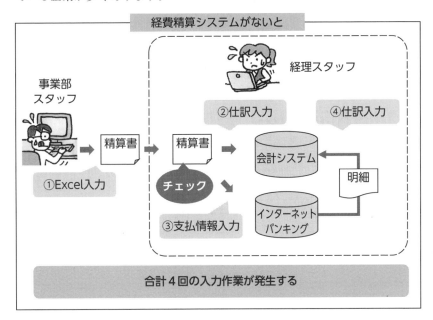

　　経費精算システムがないと

事業部
スタッフ

①Excel入力

精算書

精算書

チェック

経理スタッフ

②仕訳入力

③支払情報入力

④仕訳入力

会計システム

明細

インターネット
バンキング

合計4回の入力作業が発生する

経費精算はシステム導入効果が高い

　実際どのようなことが経費精算のシステムでできるのかを見てみましょう。

　経費精算のシステムで利用される機能は、大きくは、現場の社員が使う機
能と経理部門の使う機能の二つに分かれます。

　現場の社員が入力する画面には、使った経費の実績を入力します。

　移動交通費の精算の入力する場合で見てみましょう。

　具体的には、Who（誰が）、When（日付）、Where（どこへ）、What（何に）、

How much（いくら）といった情報を入力します。

「X事業部のプロセス良子が4月3日に新宿から有楽町に電車に乗って198円支払った」という具合です。

これらを申請者欄、負担部門欄、日付欄、出発地欄、到着地欄、内容欄、金額欄に本人が入力することになりますが、通常は出発地と到着地を入力すれば金額は自動計算をしてくれます。

申　請　者　欄　←　申請者が入力すれば申請者名が自動的に登録されるので入力不要

負担部門欄　←　実際に負担する部門を入力する必要があります

日　　付　　欄　←　実際に電車に乗った日付を入力します

出　発　地　欄　←　手入力せずに路線図から選択することも可能です

到　着　地　欄　←　手入力せずに路線図から選択することも可能です

内　　容　　欄　←　勘定科目を選ぶのではなく、移動交通費であることを選べば良いです

金　　額　　欄　←　出発地と到着地を入力すれば自動で計算をしてくれることが多いです

もちろん、一部の情報は現場の社員が入力する必要はありますが、路線図等で電車代を調べることなく金額を算出することが可能となっています。そのため、紙やExcelの経費精算書に入力をする時間と比べても少ない時間で現場の社員は入力作業を終わらせることができます。

ただ、この入力ですが最近のIT技術の進歩のおかげで、例えば交通系のICカードと連携がはかれている経費精算システムもあり、この場合、カード情報をそのまま取り込むことができるようになっています。

次に上記の入力情報を経理部門でどのように利用するかですが、伝票に必要な情報は、日付、負担部門、金額、勘定科目ですが、勘定科目以外は全て

入力されています。

　既に入力した項目の「内容欄」ですが、システム上は内容と勘定科目は、関連づけられています。どういうことかというと、現場の社員は、勘定科目に慣れていないので、使った経費が何の勘定科目になるのかわからないケースが多いです。ただ、使った経費が移動交通費なのか印紙の購入なのかといった内容についてはわかるはずです。

　そこで、現場の社員には、使った内容をあらかじめ用意している内容の中から選択してもらって、システム上は裏でどの内容を選んだらどの勘定科目を使うのかが決まっているので、自動的に勘定科目が決まるのです。

　例えば、移動交通費という内容を選択したら、「旅費交通費」という勘定科目を選択させるといった具合です。

　経理部門では、入力済みの経費精算のデータを提出された領収書等と突き合わせて、正しいようであれば承認をします。

　経理部門での領収書等の突合せについても、間違いがないようにダブルチェックをしている会社もあると思いますが、最近は、領収書に記載された情報を AI の技術を使って、経費精算システムに取り込むことができ、数字の認識率も高くなってきているので、ダブルチェックをせずに1名でチェックをしている会社も増えてきています。さらに、認識率が高く、問題がないと AI が判断をしたものは人間のチェックをしないという割り切りでチェック時間自体を削減している会社もあります。

　そして、そのデータを仕訳として会計システムに取り込むのです。

　このように経理部門の社員が仕訳の入力をすることなく、仕訳伝票が生成されるのです。

　経費精算のシステムを導入することで、今まで現場の社員と経理部員とで二重にしていた作業がなくなることになります。社員の人数が多いと経費精

算のボリュームは当然多くなりますが、その作業が二重になっているようであれば削減時間も大きなものになります。二重作業のムダを削減することを検討しましょう。

　ムダの削除はこれにとどまりません。経理部門では、さらに金融機関送金データの作成や送金後の仕訳の作成を行うことになりますが、経費精算のシステムを導入すれば、それらの作業も改めて手作業で行う必要はなく、システムで実施することが可能となります。

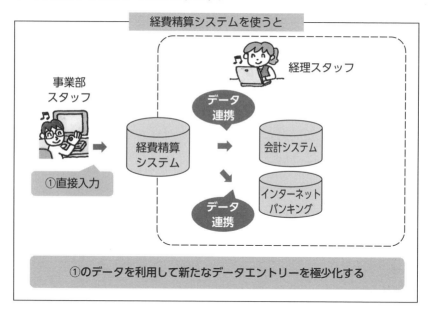

電子決裁ができるので更に処理のスピードが加速する

　部下の経費精算の承認手続きですが、プロセスデザイン社の場合は、紙の書類が回覧されているようなので、上司のもとに書類が集まって上司が印鑑

を押印して決裁をしていることと思います。

　ただ、この場合ですと上司が長期の出張や休暇であるとなかなか決裁がされないという事態も起きてしまいます。そうなると、本人への振込みはもちろんのこと経理処理自体も遅れてしまうことになりかねません。

　これに対して経費精算のシステムを導入すると承認プロセスを早めることが可能です。インターネット回線上で電子承認が可能な経費精算システムを導入すると、上司は出張先でもインターネットにアクセスすることで経費精算システムを外部から閲覧し、承認を行うことができます。上司が承認した経費の内容は経理部門で処理をすることが可能となり、振込手続き、伝票入力の処理を実施することができるようになるのです。

　このように経費精算のシステムを導入することで全社レベルで処理の速度を上げることも可能となるのです。

　さらに、最近の経費精算システムは Scene27 で解説をする電子帳簿保存法に適用しているものが多く、機能をフル活用するとペーパーレス化も推し進めることができます。

　経費精算業務は経理部門だけではなく、現場の社員含めて関係する人が多い業務なので、効率化が図られると効果も大きいものとなります。そのため、多くの企業が経理部門の働き方改革の対象業務として選んで注力しています。

　まだ、アナログ的に業務を進めている会社であれば効率化の余地がある領域ですので、見直しの対象にするのはいかがでしょうか。

カイゼンのポイント

✓ 社員の経費精算の入力のムダをなくす！
✓ 効率的な経費精算システムの活用を！

取引先への支払いも効率化する

支払データの作成と仕訳データの作成が別のプロセスになっていませんか？

Check Point

 「ストップ部長、前から気になっていたのですが、取引先に支払う伝票に関して、仕訳は仕訳で打ちますけど、それとは別に支払いを送金するためのデータを打ち込んでいるじゃないですか。あれって、効率が悪いのかなって思いまして。」

 「Kaizen 税理士さんと話をしているうちにいろいろと気になって来たんだね。その点は、私も大変申し訳なく思っているんだよ。変えなきゃいけないと思いつつ、ついつい後回しにしちゃっていたんだよね。」

 「わかっているなら何故カイゼンしないんですか？」

 「抵抗勢力っていうのがいたからなぁ…。でも、変えるようにするよ。確かに今の流れだと同じような情報を４回くらい入力することになって、ムダが多すぎるからね。」

 「それじゃ、期待してますね。働き方改革していきましょう！」

同じような入力が４回もある！

　なんだか、プロセス良子さんは改革に前向きですね。おかげで動きの鈍かったストップ部長まで動かしているようですね。原因が抵抗勢力って言ってますね。

　ストップ部長の立場からしたら、抵抗勢力を説得して、正しい方向に持っていくのが仕事なのでしょうが、仕事の流れを変えるのに抵抗を示す社員の気持ちを変えるのは本当に大変なことです。

　今回のケースは、取引先に支払いをする場合の業務フローのようです。

　プロセスデザイン社では、発注から支払いまでの流れが次のようになっています。

1．発　　注　：　発注部署が発注をする
2．検　　収　：　発注部署に購入物が到着し、合わせて「請求書」が到着する
3．支払依頼　：　発注部署が「支払依頼書」と「請求書」を経理に提出して支払いを依頼する
4．伝票計上　：　経理で仕入伝票を計上する
5．支払準備　：　経理でインターネットバンキングに支払情報を登録して支払う
6．出金伝票　：　出金後に出金伝票を経理で計上する

　プロセス良子さんが言っていたのは、4番目の伝票計上と5番目の支払準備を別々に行っているけど、その際に都度似たような情報を登録しているのがムダと言っているようです。

　確かにその通りですね。

　更に言えば、3番目の作業で支払いの依頼書に記載する情報と4番目、5番目の情報はかなり類似しているでしょうし、6番目の出金伝票の情報は5番目で入力した情報と類似しています。

　つまり、3、4、5、6番目の作業に伴い登録している情報はほとんど同じような情報となります。

　それぞれに必要な主な内容を記載してみると、

3．支払依頼　：　日付、取引先名、金額、振込口座、支払日

　4．伝票計上　：　日付、取引先名、金額、勘定科目

　5．支払準備　：　日付、取引先名、金額、振込口座、支払日

　6．出金伝票　：　日付、取引先名、金額、支払日

のようになります。ほぼ同じような情報です。

　このお話どこかで聞いた話と似ていますね。そうです、Scene**8** で社員の経費精算の効率化の時に説明した内容とほとんど同じです。

　取引先に支払いをするというプロセスは、全ての会社でほぼ毎月発生するものだと思います。

　それでも、まだプロセスデザイン社のように非効率なやり方で業務を進めている会社も実は多いです。

　進まない理由はいくつかあるのでしょうが、プロセスデザイン社のストップ部長が言っていたように業務を変えることに抵抗を示す人がいるのも理由の一つでしょう。

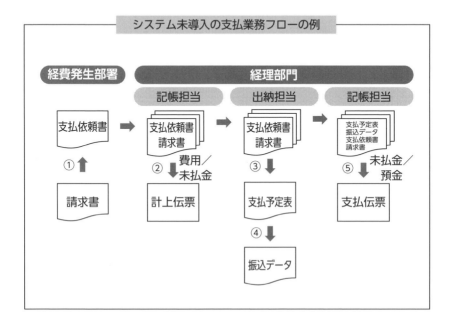

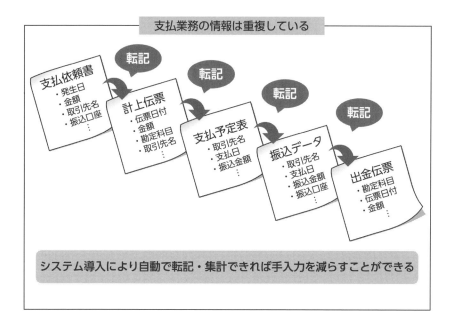

外部への支払処理もシステム導入で効率化が図れる

今回の業務フローをより効率的にすると次のように変わります。

1．発　　注　：　発注部門がシステムに必要情報を登録して発注をする

2．検　　収　：　発注部門に購入物が到着し、合わせて「請求書」が到
　　　　　　　　着する

3．支払依頼　：　1で登録した情報に基づいて「支払依頼書」が生成さ
　　　　　　　　れて「請求書」と合わせて経理に提出して支払いを依
　　　　　　　　頼する

4．伝票計上　：　3の支払依頼データを取り込むことで経理で仕入伝票
　　　　　　　　が生成される

5．支払準備　：　4のデータをインターネットバンキングのシステムに

　　　　　　　　　データとして取り込む

　6．出金伝票　：　5のデータに基づいて、出金伝票が経理で生成される

　もちろん、いくつかの手作業はありますが、当初のプロセスと違うのは、金額等の情報は一度入力が済んでいれば、改めて入力することなく、確認と承認をするだけで仕訳や支払データが生成されるということです。

　ただし、社内でこのようにプロセスを変えていくには、取引先情報を購買システムに初期設定したり、発注時に入力した内容や取引先と勘定科目を関連付けたりといった準備作業が必要になります。

　改革全般に言えることですが、初期設定という山を越えるには一定のパワーと時間が必要になります。ただ、それを乗り越えると作業時間の縮減という成果が待っているのです。

カイゼンのポイント

✔️何度も同じような情報を打ち込まない！

✔️初期設定を何とか乗り越えよう！

Scene
10

金融機関に行くのをやめる

銀行に月に何度も行っていませんか？

Check Point

「プロセス良子さん、今からお出かけですか？」

「はい、今から銀行に行ってきます。」

「銀行に何の用事ですか？」

「振込みして、記帳して、それから現金も充当するために引き出してきます。まとめていっぺんにしているから効率的ですよね。それでも、今月は５回以上銀行に行っていますけど。」

「銀行に行かなければもっと効率的ですよ！」

「行かないっていう選択肢があるのですか？？」

銀行に行くってショートトリップかも！？

　プロセスデザイン社では、未だに銀行に足繁く通っているようですね。

　銀行の窓口に行くと法人向けの順番待ちをしている人が、まだまだ多いですね。それだけ多くの企業がまだ実際銀行に足を運んでいるということでしょう。

　銀行に行くためにどれだけの時間をかけているのでしょうか。考えてみましょう。

　まずは往復の時間が必要になります。近くに銀行があれば良いですが、離れた場所にある場合は、電車やバスを使って銀行に行かなければならないでしょう。

　銀行に到着してからすぐに手続きを実施してくれればいいですが、たいていの場合、窓口で待たされます。月末等になるとかなりの人がいて、1時間くらい待つこともあります。

　使っている時間はこれだけではありません。

　銀行に行くための準備も必要です。具体的には、銀行の所定の書類に銀行届出印を押印して、持参しなければなりません。

　銀行届出印は、会社のしかるべき人が管理しているので、その人の予定も事前に確保しなければなりません。

　また、印影がはっきりしていないと銀行で書類を突き返されて、会社に戻って再度書類を準備して訪問しなければならないというような大変面倒な事態もたまに起きます。

　それくらい「銀行に行く」というプロセスには、大変な準備と時間がかかっているのです。

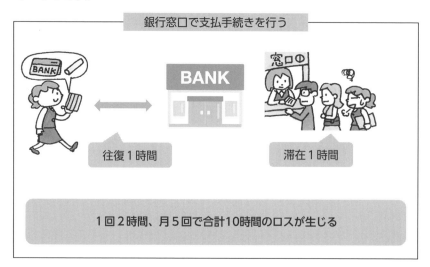

銀行窓口で支払手続きを行う

往復1時間

滞在1時間

1回2時間、月5回で合計10時間のロスが生じる

振込みも記帳も社内で楽々実行

　プロセス良子さんの場合は、次の三つの手続きのために金融機関に行っているようです。

　"送金"

　"記帳"

　"出金"

　送金と記帳に関しては、インターネットバンキングの契約を銀行と締結すれば、実質的に社内で完結します。

　送金は、所定のIDとパスワードを入力することで、実施が可能です。通常は、一定の役職者にしか送金の権限を与えていませんので、役職者がパスワード管理を適切に行うことは非常に重要です。

　さらに、最近はサイバー犯罪の被害を防ぐためにインターネットバンキングを利用する場合は、セキュリティ目的でワンタイムパスワードの入力をしないと送金できない仕組みに銀行が変えている場合が多くなっています。

　ワンタイムパスワードとは通常のパスワードとは別に、取引ごとに与えられる1回限り有効のパスワードのことで、そのパスワードを入力することで取引が実行されます。

　手間は増えますが、不正送金を防止するためにも必要な手続きなのでインターネットバンキングを実施する際は確実に実行しましょう。

　少し手間の増えたインターネットバンキングですが、社内にいながらにして送金業務は完了します。

　また、記帳に関しては、インターネットバンキングの契約を締結していれば、銀行の入出金履歴をデータで入手することができます。ですから、わざわざ通帳に記帳をしなくても済むのです。

　三つめの出金ですが、これは、発想を変えて現金での支払いがなければ必要のない作業です。決済に際してどうしても現金で手渡しをしなければならない取引は別として、振込みで問題なければ現金を決済のために引き出してくる必要はありません。

　そして、もう一つ現金が必要となるのは会社の小口現金に現金を補充する場合です。小口現金の要否については Scene6 で説明しましたが、なるべく小口現金を置かないようにしていくのが望ましいです。仮に小口現金が全くなければ、引き出しに行く必要はありません。また、小口現金があったとしても、頻繁に使わないような運用にしていれば、現金を引き出しに行く頻度もかなり少なくなるはずです。

　上記の三つ "送金"、"記帳"、"出金" の他に、"入金" のために金融機関に行くということもあります。現金商売の会社であれば、お客様から現金で受取りをしますので、その現金を金融機関に預けに行くのです。

　この入金に関しても、最近では現金の受取りをしないという究極の会社も出現してきています。現金決済は受け付けずに、代金の受取りはクレジットカード、電子マネー、スマホ決済などで対応をするのです。この結果、現金が金庫に残らないので、入金のために銀行に行く必要もなくなります。

　これらの入金情報は Scene28 や Scene29 で解説しますが、会計システムと連携を図ることが可能で、それによっても経理業務は効率化されます。

　このように、インターネットバンキングを活用したり、社内の小口現金の利用を制限したりすることで、実は銀行に行く時間はかなり減らせるのです。

　毎回銀行に行くための準備含めて2時間程度かかっており、それが月に5回だとすると、1ヶ月で10時間程度金融機関に行くために時間を割いていたことになります。

業務のやり方を変えればその10時間が浮くことになります。

金融機関に行くことで生じる時間のムダの削減を図ってみましょう！

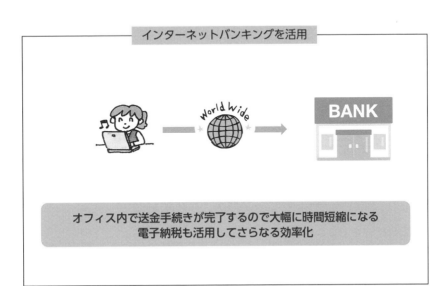

インターネットバンキングを活用

オフィス内で送金手続きが完了するので大幅に時間短縮になる
電子納税も活用してさらなる効率化

カイゼンのポイント

- 金融機関に行かない
- インターネットバンキングの活用を図る
- 現金の引き出しも極力しない

Scene
11
電子納税は優れもの

納税手続きのために金融機関に行っていませんか？

Check Point

「プロセス良子さん、こんにちは、急いでいるようですけどお出かけですか？」

「こんにちは、お話ししたいことがあるのですが、今は超特急で銀行窓口に行かないといけないので、こちらで失礼します。」

「何か急な支払いですか？」

「月末までの納税手続きを今日しないといけないのです。明日が期限なのですが、銀行が空いている時間に別の予定が入ってしまったので、今日中に窓口が開いている時間に滑り込まないといけないのです！！」

「電子納税にまだしていなかったのですか？」

「確かに提案してもらっていましたが、どうも準備を面倒くさがってしまって…」

「設定していれば、こんな風に焦ることもなかったのに…」

納税は金融機関の窓口だけでしかできないのか

　プロセス良子さんは、どうやら納期限ギリギリに金融機関に駆け込むつもりのようですね。

　納税をする場合に、納付書に金額を記載して、金融機関の窓口で納税している会社は今でも多いと思います。

　ただ、金融機関の窓口は開いている時間が限られているので、窓口で納税をする場合は、時間の制約があります。

　通常午後3時には金融機関の窓口は閉まってしまいますので、それまでには銀行に入らないといけないのです。

　金融機関が会社のすぐ近くにあれば良いですが、離れた場所にあるケースなどでは、余裕を持って時間配分を考えなければなりません。

　もちろん、早目に準備をしておくことは必要なことですが、時には、納期限ギリギリに納税額が確定して、急いで納税をしなければならない場合なども想定されます。

電子納税で場所と時間の制約から解放される

　以前は、納税手続きは、プロセス良子さんのように金融機関に出向いて窓口で納税するしか手段はありませんでしたが、現在は電子納税を利用して納税する手段も選択肢としてあります。コンビニエンスストアでの納税というやり方もありますが、金額に制約等があるのでここでは説明を割愛します。

　電子納税とは、簡単に言うと会社にいながらにして納税ができる仕組みです。

　電子納税を利用しない場合は、金融機関の窓口まで出向かなければならないとか、窓口が開いている時間しか納税できないなどの場所や時間の制約がありましたが、電子納税を利用することでそれらの制約から解放されるのです。

複数の方式から選択する

電子納税の方法には、いくつかの方法があります。

■ダイレクト納付による電子納税

ダイレクト納付とは、事前に税務署へ届出等をした上で、e-Tax を利用して電子申告等又は納付情報登録をした後に、届出をした預貯金口座からの振替により、簡単なクリック操作で即時又は期日を指定して納税することができる方式です。

e-Tax とは、申告などの国税の手続きについて、インターネットを利用して電子的に行えるシステムのことです。

申告は、税理士が行っていることが多いかもしれません。申告書の提出を以前は税務署に郵送していた会社が多かったですが、最近では e-Tax を利用した電子申告がかなり普及してきています。その結果、申告手続きを電子申告で行った上で、納税手続きを電子納税で行っている会社も増えてきています。

■インターネットバンキング等による電子納税

もう一つの方法は、インターネットバンキング等による電子納税の方法です。

インターネットバンキング等による電子納税には、登録方式と入力方式の二つの方式があります。

登録方式とは、e-Tax ソフト等を使用して納付情報データを作成し、e-Tax に登録することにより、登録した納付情報に対応する納付区分番号を取得して電子納税を行う方式です。

　入力方式とは、e-Tax に納付情報データの登録は行わず、登録方式の場合の納付区分番号に相当する納付目的コードを自分で作成して電子納税を行う方式です。

　いずれの方法で行うかは、会社の置かれた環境に合わせて決めれば良いと思います。

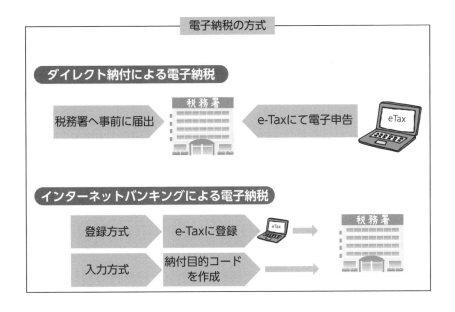

　また、地方税についても国税と同様に電子納税の仕組みがあります。地方税の電子申告や電子納税の仕組みは、eLTAX と呼ばれています。地方公共団体に拠点が多い場合に納付書を金融機関に持ち込んで納付をすると、かなりの手間がかかることになります。地方税共通納税システムを利用すると全ての地方公共団体へ一括して電子納税することができますので、時間と場所の制約から解放されることが可能です。是非とも導入を進めてみて下さい。

電子申告、電子納税の普及率は世界の中で日本は遅れをとっている分野です。今後国家をあげて普及率の向上に様々な施策がとられることが予想されますので、時代に乗り遅れないように未導入の会社は導入をしていきましょう。

カイゼンのポイント

✓ 金融機関が開いていない時間に納税手続きを進める！
✓ 国税だけでなく地方税でも実施する！

相手先区分を活用して連結決算を乗り切る

連結グループ内の相手先は帳簿で区分していますか？

Check Point

「社長から当社でも連結決算をするようにって言われました。」

「意識が高い会社は上場していなくてもグループ企業があると連結決算を組んでいますから、いいことですね。作業は順調にできそうですか？」

「ストップ部長に確認したら、伝票の摘要にグループ会社の名称が記載されているからそれをひろって売上や仕入の取引合計をすればいいのではないかと言っているのですが。」

「そのやり方だと日が暮れちゃうかもしれませんね。もう少し工夫をしましょう。」

連結決算は上場企業だけのものではない

非上場の場合は、基本的に連結財務諸表を作成する義務はありません。

ただ、最近は、

「経営者が企業グループの実態をより詳細に理解するため」

「融資元である金融機関が継続融資の判断に資するために提出を求める」

等の理由で自主的に連結財務諸表を作成している会社が増えてきています。

連結財務諸表を作成するための作業は、簡単に言うと対象企業の個別財務

諸表を合算した上で、資本と投資の消去の他に、グループ内の債権債務や取引の相殺消去をすることで完成します。

　連結財務諸表を作成するにあたって、連結対象のグループ会社が多い場合は、専用の連結会計システムを購入して作成している場合もありますが、対象企業が少ない場合は、Excel で集計して作成している場合も多いです。

　どちらの方法で作成する場合でも、実務上作業効率を問われるのは、グループ内の債権債務や取引の相殺消去をする対象をどのように抽出するかです。

　プロセスデザイン社の場合は、今期から初めて連結財務諸表を作成するようですが、債権債務やグループ会社との売上や仕入などの取引額を集計する仕組みを構築していないようです。仮に、伝票ごとの摘要に記載している会社名等から集計するという方法を採用した場合は、集計自体に時間がかかる上に、仕訳入力時に摘要に記載がないと集計から漏れることになるので、結果として算出される集計値が実態を表さない可能性が高いです。

　なまじ Excel が得意だと生のデータさえあればいくらでも集計できると言って、このような手法を採用しているケースを見たことがありますが、正確性が高いとはいえません。

会計帳簿の補助や取引先を活用

　そこで、業務効率を上げるために一般的に採用されているのは、次のような方法です。

　　損益計算書科目や貸借対照表科目にグループ会社を区分して、

　　取引先コードを付けて、

　　決算ごとに集計する

という方法です。

　連結財務諸表を作成する際に、貸借対照表科目に関しては、グループ会社別の債権債務残高を相殺消去する必要があります。

　そこで、貸借対照表科目である売掛金や買掛金等の科目を入力する際に、取引先コードを活用します。具体的には、取引先コードにグループ企業を登録して、当該企業への債権や債務が発生する都度そのコードを入力しておきます。当然、債権を回収したり、債務を支払った場合に売掛金や買掛金を減額する際にも同様のコードで登録します。

　下図で例示したケースをもとに説明しましょう。

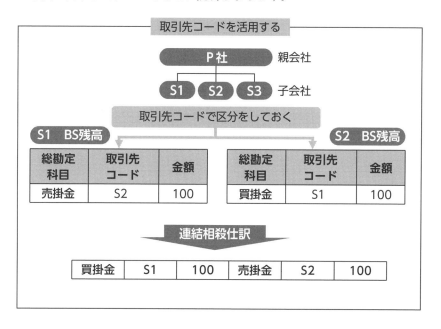

　ここでは、取引先コードを付けていたことで、決算日のＳ１社のＳ２社に対する売掛金残高が100、Ｓ２社のＳ１社に対する買掛金残高が100であったとします。コードを付けていなければ、この残高を特定するのに時間がかかりますが、コードを取引ごとに付けておくことで簡単に相手先の残高が特定できます。その上で、連結決算を行う場合に、連結会社間の債権債務を相殺

消去するので、売掛金残高と買掛金残高を相殺します。

　このように債権債務を取引先コードで管理することによって、決算時にはグループ会社間の債権金額と債務金額が一致することになり、相殺消去が適切に行われることになります。

　相殺消去のもう一つの対象である損益計算書科目も、管理方法は基本的に同じです。

　グループ会社間取引で一方の売上となるものは、もう一方の仕入となることになり、対象期間分を集計すると一致することとなり、連結財務諸表作成時に相殺消去することになります。

　ここでは、取引先コードを使って管理しましょうと説明しましたが、補助科目のコードを使って集計している会社もあります。

　取引先コードや補助コードのようなコードを何種類持っているかどうか、取引先コードを登録することでScene9で説明したような支払データも同時に作成できるかどうか、といった会社の置かれた状況によって何のコードで連結グループ間の取引を管理することが妥当かということを検討する必要はありますが、いずれにしても期末時点での残高や一定期間での取引合計額を集計できるようにマスタ設定を工夫することが重要です。

　中小企業でも連結決算のためのシステム投資予算がある会社であれば、連結仕訳の生成に関して、適切な取引先コードをとっていれば、システム上で債権債務や内部取引の相殺消去といった連結特有の仕訳を生成してくれるシステムもあります。

　費用対効果を勘案して、連結決算用のシステム投資をするかどうかも検討してみて下さい。ただ、システム投資を行う場合でも、先ほど説明したようなマスタの設定は必要になりますので、その点は省略できないことをご留意ください。

カイゼンのポイント

✓連結財務諸表作成のキモは、相殺消去の金額集め

✓相殺消去には取引先コードや補助コードを活用

法人税の申告書は転記できる仕組みを作っておく

交際費の区分を決算後に実施していませんか？

Check Point

「プロセス良子さん、法人税の申告書の作業を進めているようですね。」

「はい、今は交際費の別表を作っていますが、１年間分を見直すと結構時間がかかりそうなので今日には終わりそうもないです。」

「見直すって何を見直しているのですか？」

「社外の人と食事をした分とか１人あたり 5,000 円以下の社外の人との飲食代は分けておくと税金が安くなるって聞いたので、分ける作業をしているのです。結構勉強してるでしょ！」

「はい、区分するメリットを知っているのは、勉強している成果でしょうから良いですが、今から集計していたら残業が増えてしまいますよ。」

「もっとラクになるマジックありますか？」

「はい、決算時に行わないで済む時間圧縮の方法がありますよ。」

経理部門にいても税務申告書とは無縁？

　会社の経理の人でも税務申告書まで書かない人も多いと思います。ですから、経理部門にいたとしても、法人税の計算は一切関係ないという人も多い

と思います。ただ、最近は決算の早期化が求められており、決算仮締めの段階で法人税の計算を行うことが経理部門に求められているケースも多くなってきています。仮締めの段階で正しい当期利益を出す必要があるということです。

　そうは言っても、経理の現場では税務申告書の作成を意識した作業段取りを組んでいないことも多いです。どうしても、法人税の申告書は通常の経理作業とは別物と考えられ、業務改善の対象に入ってきていないのが原因でしょう。

　プロセスデザイン社の場合も、交際費の集計というどの会社でも実施するプロセスに関して非効率なやり方になっているようです。そのため、決算時期に追加の作業をしなければならなくなっており、結果として作業時間の増加につながっています。これを改善すれば、残業時間の圧縮を通じて働き方改革が一部実現できそうです。

税務申告用に交際費は期中から区分しておく

　交際費は、会計上は一つの勘定科目のままでも特に問題はありませんが、税務上は損金になるものとならないものがあるために、以下のように勘定科目や補助科目で分けておくことで作業の効率化を図ることができます。

　自社で申告書を作成している場合はもちろん、外部に申告書の作成をしてもらっている場合も区分しておくことが有益です。

　担当している税理士という立場でも、プロセス良子さんのように自分で1年間分の元帳をひっくり返して集計するよりも、会社で区分・集計したものをもらった方が効率的です。

　上場企業やそのグループ会社のように決算後すぐに税金の計算が必要な会

社の場合は、１分でも時間を圧縮して計算を実施したいでしょう。そうであれば、プロセス良子さんのように決算時にまとめて見直しをするやり方から脱却することが重要になってきます。

　交際費に関しては、以下のように勘定科目や補助科目を分けます。

【交際費科目の中の区分】
　　　社外の人との飲食費のうち１人あたり5,000円以下のもの　（A）
　　　社外の人との飲食費のうち１人あたり5,000円超のもの　（B）
　　　社内の人との飲食費　（C）
　　　飲食費以外の交際費　（D）
　　　交際費科目で処理しているが、税務上交際費とならないもの　（E）
【交際費科目以外の科目の中の区分】
　　　交際費以外の科目で処理しているが、税務上交際費となるもの（他科目交際費）　（F）

　上記の区分を設定するのは、法人税申告書を作成する段階でスムーズに転記できるようにするためです。

　（A）や（E）の集計値は、別表15の「交際費等の額から控除される費用の額」の欄に転記されます。

　（B）は「交際費のうち接待飲食費の額」の欄に転記されます。

　また、（F）は、非常に重要な区分です。交際費の科目で処理していればその科目の中身を精査すれば転記すべき数値は仮に交際費の元帳を１年間分振り返って見直すことでできるかもしれませんが、期中に交際費以外の科目で交際費に該当するものを計上していた場合はどうでしょうか。何か区分をしておかなければ、改めて見直すといっても全ての勘定科目を見直さないと理論上見直しは完了しません。

　そこで、交際費以外の科目で税務上交際費になるものを計上しておく場合は、その勘定科目の中で別途「交際費該当」等と言った補助科目を作成しておいて、その補助科目に入力しておくことで、決算時に簡単に抽出できるようにしておくのです。ここで抽出された内容と金額は、別表15に転記されます。

　日々の仕訳を適切に区分しておくことで、決算作業時に転記するだけで作業は完了します。そうすることで、決算時にムダな労働時間を減らすことができるのです。

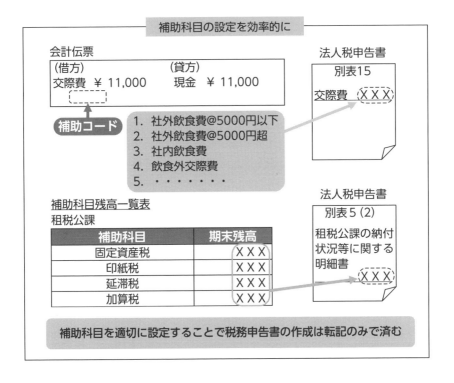

寄附金や租税公課も同様に区分処理

　法人税申告書へ転記できるように工夫するという観点では、他の勘定科目でも同様の工夫をすることで時間を圧縮することができます。

　具体的には、寄附金と租税公課がそれに該当します。

　税務上、寄附金は損金算入できる限度額計算の関係で概ね以下の四つに区分経理をしておけば、法人税の申告書を作成する時に効率的に作業ができます。

　　　・国、地方公共団体に対する寄附金、指定寄附金

　　　・特定公益増進法人等に対する寄附金

　　　・国外関連者に対する寄附金

　　　・上記以外の一般寄附金

　上記の四つに区分をしておけば、後は決算時に法人税申告書に転記だけすれば、寄附金の申告書は完成します。

　次に、租税公課ですが、概ね次のように区分しておきます。

【法人税、住民税及び事業税科目の区分】

　　　法人税

　　　事業税

　　　都道府県民税

　　　市民税

【租税公課科目の区分】

　　　事業税のうち外形標準課税の資本割と付加価値割

　　　印紙税、固定資産税等の損金算入可能な税金

　　　利子税、延滞税（損金算入となる分）

延滞税、加算税、重加算税といった損金不算入となる税金

　税金に関しては、期中の納付状況を税金の種類や内容に応じて別表5（2）に記載する必要がありますが、上記の区分は、基本的に別表5（2）に転記できるようにするために分けるという趣旨です。

　ペナルティとしての延滞税、加算税、重加算税は損金不算入となりますが、集計を忘れてしまうと損金不算入で処理することを漏らしてしまいますので、確実に集計しておくことが重要です。

　あまり発生しないという理由で、雑費や雑損失勘定で損金不算入の加算税等を計上している会社もありますが、ありがちなのは申告書作成時に損金不算入とすることを漏らしてしまうことです。

　このように租税公課以外の科目で損金不算入となるものを計上する場合は、総勘定科目としてわかるようにしておくか、計上科目の中に補助科目として、「損金不算入租税公課」等を設定して漏らさない仕組みを構築しましょう。

カイゼンのポイント

✓交際費の区分は帳簿で完結させよう！

✓寄附金や租税公課も同様に区分しよう！

Scene
14

地方税の申告書も転記で作るとスムーズ

外形標準課税の集計のために他の部門とのやりとりが多くないですか？

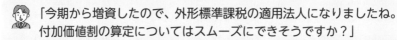

「今期から増資したので、外形標準課税の適用法人になりましたね。付加価値割の算定についてはスムーズにできそうですか？」

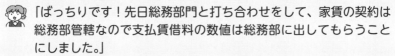

「ばっちりです！先日総務部門と打ち合わせをして、家賃の契約は総務部管轄なので支払賃借料の数値は総務部に出してもらうことにしました。」

「総務部にわざわざ出してももらうのですか？」

「そうですよ。派遣の契約も総務部で締結しているから同じように資料を作ってもらう予定です。資料をもらったら転記するだけなので、経理はそれほど大変ではなさそうです。」

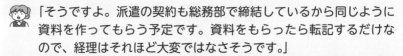

「そもそも経理だけでラクにできる業務なのに、総務部に算出してもらったら会社全体でムダな作業時間を作っていることになりますよ。」

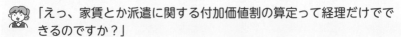

「えっ、家賃とか派遣に関する付加価値割の算定って経理だけでできるのですか？」

その仕事、全社視点で考えていますか？

　外形標準課税というのは、資本金が１億円超の会社に適用される地方税の一つで、税金計算にあたっては、付加価値割、資本割、所得割という三つの

数値を算出する必要があります。

　プロセスデザイン社では付加価値割の算定にあたって、一部の業務を総務部にお願いすることになったようですね。

　経理部門の立場だけで考えれば、自分たちが作業をしなくてよくなったので、うれしいと思うかもしれませんが、会社全体での作業時間が増えるのかどうかという視点で考える必要がありますよね。

　働き方改革を考える場合は、自分の立場だけで考えるのではなく、全社視点で考えることが求められます。単に個人の労働時間を圧縮するだけではなく、全社レベルで労働時間を圧縮できるかどうかを常に考える視点が必要です。

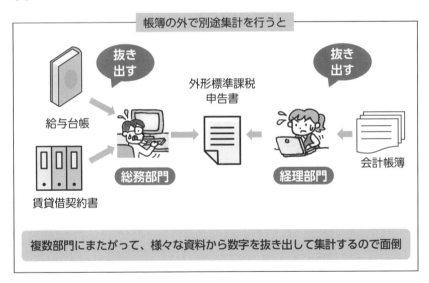

　外形標準課税の計算過程における業務の効率化を考えてみましょう。

■付加価値割の算定は帳簿で行う

　付加価値割を算定するときは派遣費用を含めた報酬給与額、利子の支払額

と受取額を集計した純支払利子、家賃の支払額と受取額を集計した純支払賃借料を算定する必要があります。

　プロセスデザイン社の場合は、契約の所管部門である総務部に家賃や派遣の金額の集計をお願いしているようですが、これは全社視点で効率的でしょうか。

　これらの集計は総務部に依頼しなくとも、経理の帳簿で実施することができます。

　家賃を例に考えていきましょう。

　支払う家賃のうち付加価値割の対象となるのは、共益費を除いた賃借料です。また、賃貸期間が1月以下の賃借期間のものは対象となりません。

　このように賃借料を共益費分とそれ以外、賃貸期間が1月以下かどうかと言うように区分をしておかなければなりません。

　また、申告書上は、「土地の用途又は家屋の用途若しくは名称」、「貸主の氏名又は名称」といった区分ごとに記載をする必要があります。

　そこで、効率的に行うために、勘定科目あるいは補助科目で、まずは外形標準課税の対象になるものとならないものに区分します。例えば、「賃借料－外形対象賃料」、「賃借料－外形対象外共益費」、「賃借料－外形対象外1月以下」等に区分します。

　さらに、支払相手先やビルごとに賃借料の科目に取引先コード等の区分できる領域を使って、貸主、ビル名等を区分します。

　仕訳伝票を計上するたびに、付加価値割の対象になるものとならないもの、なるものについてはビル及び貸主別に区分をしますので、決算確定時にはそれらが帳簿で集計できるようになります。

　後は、そこで集計されたものを地方税の申告書に転記をするだけです。会計上は発生主義で計上がされていて、法人税の所得計算上の損金となるものが帳簿にあがっているので、特別な調整をすることなく、転記するだけで良

いのです。

　プロセスデザイン社では、総務部で賃借料の集計をしているようですが、上記のように経理部で伝票の入力の仕方を工夫すれば集計が完結できますので、総務部が作業をするとういうことは全社的にはムダを生じさせていることになっているのです。経理部門では伝票を入力することになっていて、その入れ方を少し工夫すれば良いだけですので。

　また、総務部が集計する場合は、支出した金額ベース、つまり現金主義で集計をしてしまう可能性があり、法人税の所得計算で損金になるような発生主義になっておらず計算そのものが誤っているかもしれません。まして、総務部で計算した結果を経理部で調整作業をするなんていう手間をかけていたら更に時間のムダですね。

　少々経理部での負担は増えますが、全社最適という観点で業務を見直しましょう。

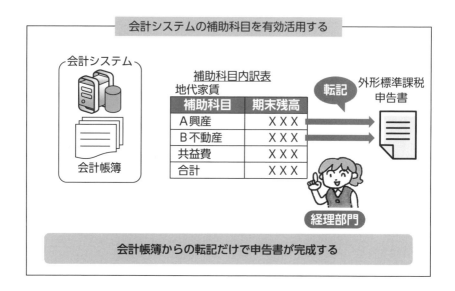

カイゼンのポイント

V 外形標準課税の集計は帳簿で行う！

V 経理部だけの負担を考えるのではなく、全社視点で考えよう！

Chapter3

ムラをなくす 経理のテクニック

仕事を型にはめればムラはなくなります
型にはめるテクニックを実践しましょう

Scene 15

文書化は大変だけど改革への大きな一歩

文書化したマニュアルはありますか？

Check Point

「今度ジョブローテーションをすることが決まって、新しく経理に社員が1名入ってくるようですが、マニュアルは作っていますか？」

「はい、ありますよ！」

「良かったです。安心しました、見せてもらえますか。」

「はい、どうぞ」

「プロセス良子さん、これって昔の会計システムの時代のままなのと登場している人の名前や部署名が今の名称と違うようですけど…」

「そうなんですか！？実は私もほとんど見たことなくて…」

文書化は理解度を近付けるツール

　プロセスデザイン社には、マニュアル自体はあるようです。ただ、更新がされずに、かなり古いままとなっているようですし、現場のプロセス良子さんは、ほとんど見たことがないようですね。

　業務の効率に課題があると思われる会社の共通点の一つとして、マニュアル自体を作成していないということが挙げられます。もちろんマニュアルが

あれば、効率化が単純に図れるというものでもありません。

　ただ、属人化を脱却するために必要なことは、ルールを文書化して情報を共有することです。よく、OJT という名の下に"口述"で業務内容を教えているケースを見ますが、うまくいかないことが多いです。

　これは、仕事を教える人と仕事を教わる人で、そもそも持っている知識量や経験度数が違っているにもかかわらず、教える人が相手は当然理解できているだろうという認識で話をしてしまうことが原因になっていると思います。また、教わる人も自分の知っている範囲で理解したつもりになって業務を実施してみるものの、細部まで理解しないで作業を行うので、どこかで間違った処理をしてしまうのです。教える人と教わる人との間に理解度の違いがありすぎると、後で気付くとお互いの認識が違うということになりかねないのです。

　そこで、必要になってくるのが文書化されたマニュアルです。

　文書化されたマニュアルがあれば、まずそれを見て仕事を教わる人が理解できるかどうかの判断ができます。理解ができた上で仕事を教える人と会話をすれば、お互いの認識の違いがない状態で会話をすることになるので、両者のズレは少なくなります。

　もしもマニュアルを見てわからないようであれば、何がわからないのかということが特定されて、その点を重点的に共有することで理解は深まります。

　また、マニュアルがあることで、作業を型にはめることができます。型にはめることができれば、誰が仕事をしても同じ結果になります。つまり、誰が行っても同じ結果になるということです。

　このようにマニュアルがあることで仕事のムラがなくなるので、マニュアルを作成するということは、仕事を一定水準以上に保つためにはなくてはならないことなのです。

ひな型の統一と定期的な更新がキモ

　ただ、マニュアルは作り出したらきりがなく、膨大になってしまうことも
ありますので、絶対に記載すべき事項と任意に記載すべき事項を事前に決め
てからマニュアル作成に取りかかる必要があります。

　辞書のようなマニュアルを作成している会社もありますが、実際どこに何
が書いているのかがわからないためほとんど誰も利用しないというような
ケースもあります。

　ボリュームが多い場合は、誰が見てもわかるように目次を作る工夫も必要
です。

　また、理解しやすいやようにシステムの操作画面のキャプチャや実際使用
する書類のサンプル例を掲載することも重要です。最近は、動画編集も簡単
にできるようになってきましたので、作業工程を動画で録画してマニュアル
として活用するケースも増えています。

　さらに、作る人によって、ひな型が異なると後で見るときに探しにくいの
で、できればテンプレートを決めてひな形を統一することが望ましいです。
既に、マニュアルが乱立している場合は、それを統一するかどうか悩ましい
ところかと思いますが、長い目で見ると多少時間をかけてでも、ひな型を統
一して将来のために備えることも考えましょう。

　プロセスデザイン社のケースでは、マニュアルはありましたが、更新がさ
れていないということも課題として挙げられます。

　実際、多くの会社がこのような状態に陥ってしまっているのを目の当たり
にします。

　マニュアルを作るときは、気合いを入れて一生懸命作成するのですが、い

ざ作ったらそのままになってしまうのです。

　ですから、氏名や部署名などの固有名詞が入っている場合は、何年も前のもののままと言うことも珍しくありませんし、ひどいケースでは昔のシステムを利用した時代に作成したままで、システムリプレイス後に作成をし直していないため役に立たないというケースもあります。

　マニュアルは使われなければ無用の長物ですし、使わないものを作ったのであれば、作成に要した膨大な時間は本当にムダな時間であると言えます。

　ですから、マニュアルは作ったら、使う環境を整えましょう。

　はじめから使いやすいものが出来ないことは前提として、関連者で出来上がったマニュアルを使ってみて足りないところを追加したり、余分な箇所を削除したりして、みんなが見て使うことに意義があるようなものにしていきましょう。

　定期的な更新作業があって、マニュアルは意義を持ち続けます。

　そのため、マニュアルを作ったら次の二つのことを実施するようにしてみて下さい。

ルール1　部内の全員が見える場所に置く

　まずは、物理的な置き場の問題です。マニュアルを作ったとしてもキャビネットの奥にしまわれては、誰の目にも触れられずに日々が経過して、結果としてプロセスデザイン社のように化石となってしまうかもしれません。そこで、経理部門の財産であるマニュアルを部内の全員がわかる場所に置くようにしましょう。場所が許せば、業務中、全員が手に取りやすい場所に置くとなお良いでしょう。

　また、マニュアルを各自で作ったり、各自の引き出しにしまっているとい

うケースも見受けますが、業務のマニュアルなので、部内で共有するように
しましょう。同じマニュアルを各自で保管していること自体が紙代や場所代
のムダでもありますし、ましてや各自で作っていたらマニュアル自体が属人
的な独自の進化を遂げてしまって、同じ仕事にもかかわらず異った仕事のや
り方をしているということにもなりかねません。

　ですから、経理部内で共有して、みんなで温かく育てていくという視点で
配置場所から工夫しましょう。

　動画ファイルをマニュアルとして活用している会社の場合は、利用者が探
しやすいように、ファイルのタイトルの付け方に工夫をしましょう。

　一つ一つの動画は短い方が見る側としては見易いですが、その分ファイル
の数は膨大になってしまいがちなので、検索性を高めるために、ファイル名
にキーワードを入れるようにすることが真に役立つマニュアルとなります。

　リモートワークで業務を進める際は、紙ではなくデータでマニュアルを見
ることになります。そのような場面も想定して、動画ファイルに限らず、各
種ファイルの検索性を高める工夫も重要です。

ルール2　年に一度は更新チェックをする

　マニュアルが潜在的にもっている課題は、一度作って放っておいたらどん
どん陳腐化してしまうということです。いざ、引き継ごうと思って使おうと
したらあまりにも現状の業務と乖離をしているなんていうこともあると思い
ます。

　原因の一つは、普段から使っていないと言うことでもありますので、その
点は配置場所を工夫する（ルール1）ことで改善されますが、それだけでは
完全とは言えません。

強制的に更新する仕組みを取り入れる必要があります。

　具体的には、マニュアルの内容ごとに更新管理の責任者を決めて、期限が来たら必ず更新の必要性を確認するようにするのです。

　例えば、「マニュアルのうち資金管理に関しては、プロセス良子さんが毎年9月末に内容を精査して他の部員から意見収集をはかった上で更新を実施する」といった具合です。強制することで必ず誰かが責任を持って現在のマニュアルを見直すことになりますし、部内の他の社員に意見募集をすることでより質の高いものとして更新がされていきます。

　業務を標準化していくためには、文書化を実施することは必要ですが、文書化した後に、そのマニュアルを使って、更新作業をし続けるという地道な継続活動があってはじめて目的達成につながります。

マニュアル作成のメリット

- ☐ 属人化から脱却
- ☐ 関係者で情報が共有化される
- ☐ 記載方法を統一すると標準化が図れる
- ☐ 動画も活用して利便性を高める

マニュアル管理上の留意点

- ☐ 陳腐化しないように定期的に見直す
- ☐ ひな型を統一する
- ☐ 絶対的事項と任意的事項を決めて記載する
- ☐ 関係者が分かりやすい場所に置く
- ☐ ファイル名にはキーワードを入れて検索性を高める

カイゼンのポイント

✓マニュアルは必ず作成する
✓マニュアルはみんなが見られる場所に置こう！
✓定期的な見直し、更新を継続しよう！

グループ会社で方針を統一すると効率化が加速する

グループ会社ごとに処理方針が違っていませんか？

Check Point

 「社長からグループ会社の分析をするように依頼をされたのですが、決算書を比較しようとしたら勘定科目が統一されていないので、どうやって比較したらいいのかわからなくて困っています。」

 「勘定科目も違っていますが、打ち出された試算表のレイアウトを見る限り会計システムもまちまちなようですね。」

 「そうなんです。各社で使いやすいソフトを使っているようなのです。」

 「特にグループ会社向けに方針を打ち出していないようですね。」

同一ルールで処理すれば比較も合算もラク

　プロセスデザイン社では、グループ会社が複数あるようですが、勘定体系が統一されていないようですね。また、使っている会計システムも統一されていないようです。

　中小企業などにおいて特に見受けられるのが、会社の数が増えてきた場合にそれぞれの会社の経理部門がそれぞれ独自の方針で処理を進めてしまって、気付いたら処理がまちまちになっているケースです。

　全体を統括する持ち株会社があったり、中核となる会社がある場合には、

グループ全体の統一方針等が打ち出されやすいですが、特にそのような状況でない場合は、会社が増えても処理が統一されることがないまま月日が流れて、気付いたら収拾がつかないなんていうことは珍しくありません。

　こういったケースでは、まず統一した勘定科目マニュアルがありません。勘定科目体系が同じであれば、でき上がる試算表も統一感が出ますが、科目自体を各社が自由に決めてしまうと、似ているようでも違う科目が多く存在して、比較等をすることが困難となります。

　また、非上場企業が連結決算を管理上行おうとした場合には、科目体系が異なっていると単純に科目を合計することもできません。

　ですから、まずは勘定科目体系をグループ全体で統一します。その上で、各勘定科目の使い方を定義した勘定科目マニュアルを作成することをおすすめします。

　科目体系が決まって、科目の使い方が決まれば、同じルールに則って決算作業を進めることができますので、会社の数が増えてもでき上がってくる試算表を比較することが簡単になります。仮に連結決算のために単純に各社の試算表を合算した場合、似たような勘定科目が連結ベースの試算表にたくさん表示されることがなくなります。

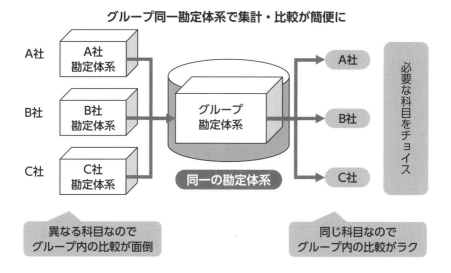

グループ同一勘定体系で集計・比較が簡便に

A社　A社勘定体系

B社　B社勘定体系

C社　C社勘定体系

グループ勘定体系

同一の勘定体系

A社

B社

C社

必要な科目をチョイス

異なる科目なのでグループ内の比較が面倒

同じ科目なのでグループ内の比較がラク

同一システム、同一業務フローを目指す

　次にありがちな非効率なケースは、各社が使用している会計システムが統一されていないというケースです。

　たとえ勘定科目体系を統一しても使用する会計システムが異なっていると出力されるレイアウト等が異なってきます。その場合、各社を比較したり、連結決算のために合計したりする場合にどうしても Excel 等での加工の手間が増えてしまいます。

　連結決算のための債権債務の相殺等の集計作業は、同一の会計システム内であれば、ムダな加工作業を介さずにできることもあります。

　ですから、グループ企業が複数ある場合は、使用する会計システムを統一することも業務効率の向上に役立つことであり、検討すべき事項なのです。

　会社が増え始める段階で将来を想定して、企業グループ全体で何のシステ

ムを使うべきかを決定しておかないと、気付いたときには各社各様で会計シ
ステムを導入していて、いざ同一のシステムに切り替えようとしても、難色
を示されて、切り替えが進まなくなってしまうこともあります。

　また、会計システムをグループ内で統一しておけば、グループ内で経理部
門の人が異動をした場合でも会計システムの不慣れさが原因で異動先での業
務への習熟が遅れるという心配もありませんし、システムに慣れるまでに通
常よりも作業時間がかかってしまって残業が増えるという懸念もありません。

　異動のしやすさというおまけも会計システムを統一することでついてきま
すので、複数の会計システムが稼働しているグループ企業においては検討を
してみて下さい。きっと働き方改革の一助となります。

　システムを統一して、それに業務フローを合わせて効率化を図るという視
点を持ちましょう。

会社規模が違いすぎる場合は二つのシステムが最適な場合も

　ただし、原則として企業グループ内は一つのシステムに統一する方が望ま
しいとは思いますが、グループ内の企業の規模の違いがかなり大きい場合は、
二つのシステムに絞るというのも一つの方法です。

　規模が大きく、取引量もかなり多い場合は、ERP システムを導入して販
売や購買の部門と自動連携を図ることが効率化につながるかもしれません。
ただし、そのようなシステムは金額的に高額となりその投資に見合う企業規
模であることが必要となります。

　それに対して、比較的規模の小さな企業の場合は、一定の機能を有するも
のの廉価な会計システムにする方が、現実的ということも想定されます。

　このように企業規模が大きな会社と小さな会社が混在している場合は、各

社の負担能力と必要な機能等を勘案して高額なシステムと廉価なシステムの二つから選択するというやり方もあります。

　二つのシステムが共存するので、一つのシステムで実施するのに比べると統一感が少しなくなりますが、各社が勝手にシステムを導入するやり方に比べれば効率的と言えます。また、費用対効果を考えた上での決定なので、全社最適になっていると言えるでしょう。

カイゼンのポイント

✔グループ統一の勘定科目体系と勘定科目マニュアルを作ろう！
✔同一システムを使い、同一業務フローにして効率化を図る！

Scene
17

申請書は全社で統一する

 申請書の書式が人によって違っていませんか？

Check Point

「今何をしているんですか？」

「各部署から来ている支払の申請書を部署ごとに並べているのです。」

「部署別に並べるのには何か意味があるのですか？」

「部署ごとに申請書のフォームが違っているので、部署ごとに並べた方が伝票入力するときに見易いので。」

「並べ直すのって結構手間ですよね。」

「はい、部署も増えているので、並べるだけで3時間くらいはかかっています。その分残業になっているのです。」

ひな型が独自の進化をとげると残業時間が増大する

　どうやらプロセスデザイン社では、申請書のフォームが部署ごとにまちまちとなっているらしく、それを並び替えているようですね。その後に伝票入力をしているようです。

　申請書の枚数が多かったり、部署の数が多かったりすると並べ直すという作業だけでもかなりの手間になりそうです。

　作業の工程に問題がありそうですが、何が問題なのでしょうか。

　そうです、各部署で申請書のひな型が異なっていると言うことが問題なのですね。実際、経理の体制が発展途上の会社ではこの状況はよく見かけられます。

　ひな型がカチッと確定しないでスタートを切ってしまって、その後に度重なる変更がある時によく起こります。ひな型自体を Excel 等の各自が変更可能な形式で作っている場合は、人によっては、古いひな型を使い続けてしまっているようなケースもあります。もちろん上司が申請書で決裁をする際に、古いひな型を新しいものに変えるように指示すれば統一されますが、この点は上司の管理能力に委ねられてしまいますので、必ずしも是正されるとは限りません。

　また、各部署で勝手に申請書を変えてしまうということも会社によってはあります。ある部長が必要と思う情報を申請書に追記するように依頼して、それが特定の部署内だけのローカルルールになってしまうのです。

　こうして各部署で申請書が異なってきてしまうという事象につながっていくのです。

　今回のシーンで伝票入力するプロセス良子さんの立場から考えると、ひな型が各部署で異なっているようなので、できるだけひな型が同じ部署の申請書は連続して入力した方が入力しやすいですよね。ですから、部署別に並べてから作業するというのは納得できます。

　ただ、これもひな型が統一されていれば並べ替えなくても作業はスムーズにできますよね。プロセス良子さんの場合、並べ直すだけで３時間もの時間をかけているようですし、これはかなり生産性が低い作業になってしまっています。今後会社が成長していって、ボリュームが増えれば非効率な時間はさらに増えてしまいますので、何とか削減をしたいところです。

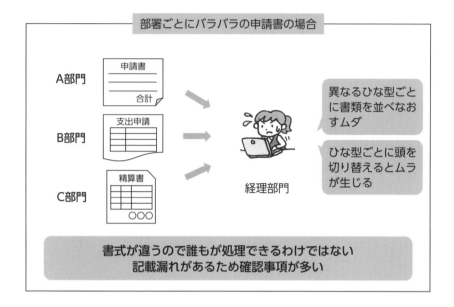

ひな型統一がうまくいく三つのルール

　そこで、必要なことはひな型を統一すると言うことです。

　今回の例では、支出申請書のひな型でしたが、会社には様々な申請書や届出書があり、それらのひな型を統一することはムダな時間の削減に寄与するのです。

　ひな型を統一するためには、以下が重要なポイントになります。

　　　　ルール１　各自が変更可能な形式としない

　　　　ルール２　ひな型確定には社内で合意形成を図る

　　　　ルール３　ひな型と異なる様式で提出されたら受け付けない

ルール 1　各自が変更可能な形式としない

　プロセスデザイン社のように各部でひな型を変えることができる限り、絶えず監視をしていなければなりません。ただ、それをすること自体かなり負担ですよね。毎回提出されたひな型と最新のものとを見比べなければならないのですから。

　そうであれば、ひな型を変更できない仕組みを作るのが早道です。

　Excel を使うのであれば、入力制限をかけてひな型の変更ができないように仕掛ける必要があります。

　ただ、この場合でも、勝手に別の Excel ファイルを作って、提出されたらわかりません。

　そこで、ワークフローシステムや購買管理システムを導入して、申請はそのシステムを通じてしか提出ができないようにしてしまうのです。そうすれば、絶えず最新のひな型を通じて申請がされますので、古い様式を使うことがなくなります。

　システムを導入することで、Scene**8** や Scene**9** で記載したような二重入力の問題も解消されますので、導入のメリットは大きいです。

ルール 2　ひな型確定には社内で合意形成を図る

　申請書を作成する際に一部の部署だけでひな型を決定してしまうことがあります。例えば、支出申請書であれば、支払い等に利用する経理部門だけでひな型を決めてしまうというような場合です。

　もちろん、経理部門だけで決定して必要十分な情報が盛り込まれて、結果

として問題がないこともあるかもしれません。

　ただ、現場の意見を聞かずに申請書を経理部門だけで決定してしまって失敗するケースもあります。

　例えば、あまりにも詳細な情報を記載させようとして、現場が負担を感じて、うまくいかないケースです。支払の都度振込口座が変更になっていないにもかかわらず、申請の都度、振込口座を書いてもらうといったことを現場に求めたらかなりの反発が予想されます。取引開始時に振込口座を記載してもらえば、その後変更がなければ記載をしなくても良いという運用にした方が、現場はラクだと思います。

　ですから、ひな型一つ作るにあたっても経理部門だけで決めるのではなく、現場の意見も反映した方が、実務に耐えられるものになります。

　後から変更になって手戻りを発生させないためにも、始めに関連者で集まって決めるようにしましょう。

ルール3　ひな型と異なる様式で提出されたら受け付けない

　各自が変更できない仕様となっていれば、そもそもひな型と異なる様式で提出される余地はありません。しかし、Excel等でひな型を作っているときは、最新版に更新していることを周知しても、各自が古いひな型を使って提出することはあります。

　もし、古いひな型で提出された場合は、毅然と新しいもので再提出をするように促して下さい。この段階で変更をしてもらわないと、いつまで経っても新しいひな型が社員に浸透しません。

　厳しい対応のようですが、会社全体で業務効率を上げるにはこのような対応も時には必要です。

ひな型統一を成功させるには

 BAD　　　　　　　 **GOOD**

Excel等で作成すると各部署で自由に変更できてしまう
→

ワークフローシステムや購買管理システムを導入して勝手に変更できなくする

各部署で見切り発車してしまう
→

関連部署で検討して合意形成をとる

古い申請書でも受け入れてしまう
→

ひな型と異なる様式で提出されたら受け付けない

カイゼンのポイント

✓ ひな型は統一させる！

✓ 古い様式の書類は受付拒否！

Scene
18

ひな型決定は MECE 視点で実施する

ひな型には必要な内容が網羅されていますか？

Check Point

「プロセス良子さん、何かイライラしているようですが、どうしたのですか？」

「支出申請書が来たので、伝票入力したいのですけど、複数の部署にかかわるものだから複数の部署に分けて登録しないといけないのに、分割する割合が記載されていないのです。それが、50 件以上もあって、今から確認しないといけないので困っちゃいます。」

「申請書を見せて下さい。なるほど、複数の部署にまたがる場合、フリーで記載するようになっているのですね。」

「書いてくれる人もいるのですが、なかなか書いてくれない人もいるので、毎月申請者に確認しなくちゃならないのが本当に面倒で…」

手戻りによる確認時間をなくそう！

　入手した情報が不十分で情報源に確認をするということは、どんな仕事でもあると思いますが、この確認作業というのが、実はかなり時間を要します。

　経理の仕事は、一つの伝票を入力するにも、所定の情報が必要で、入力に必要な情報が一つでも欠けると仕事が完成しません。

　伝票入力に必要な情報として、次のようなものが挙げられます。

■日付

■金額

■勘定科目（総勘定科目、補助科目）

■負担部署

■負担プロジェクト

■消費税区分

■摘要

　プロセス良子さんの場合は、どうやら上記のうち「負担部署」の記載が不十分だったようなので、イライラしてしまったようですね。

　どこの部署がいくらを負担するのかという情報を申請書に記載しておいてくれれば良かったのに、記載がなかったようです。

　原因はどこにあるのでしょうか。

　もちろん申請者が適切に書類を作成しなかったことも原因ではあります。適切に申請書を記載している方もいるようですから。

　ただ、申請書のフォームにも問題があると思えます。

　今回のケースでは、複数の部署が負担する場合は、フリーで負担割合を記載するようになっているようです。

　そうすると、複数の部署名は記載するけど肝心の負担割合は記載しない人も出てきてしまうでしょう。

　どんな些細なことでも、確認事項が出てしまうと経理部門としては確認をする必要が生じ、その分の時間のロスは件数が増えればかなりのものになってきます。

　ですから、今回の場合であれば、申請書に負担部署名を記載する欄に加えて、「負担割合」、「負担金額」のいずれかを記載するフォームにしておくことで情報が欠けることがなくなるでしょう。

　システムにエントリーするような申請方法であれば、入力が必須の箇所が

未入力の場合は、警告が出るように仕掛けておけば、未入力のまま申請することがなくなります。

　このように未然に必須情報が経理部門に入るような仕組みを作っておくことで、手戻りがなくなるのです。

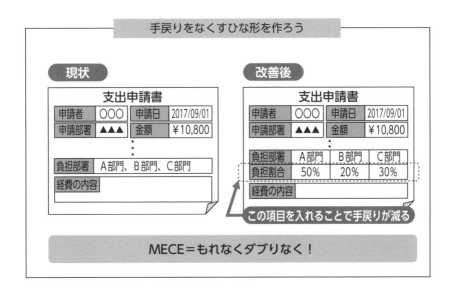

漏れなく、ダブリなく項目を決定する！

　また、申請書等を作成するときに何の情報を入れ込むかということも重要です。伝票を例にとると日付、金額、勘定科目（総勘定科目、補助科目）、負担部署、負担プロジェクト、消費税区分、摘要といった情報が必要になると説明しましたが、支出申請書となるとそれ以外に次のような情報も必要になります。

　■支払期日

■振込口座

■手数料の負担有無

　手戻りをなくすためには必要な情報を過不足なく記載することが肝要となりますが、この際に MECE（ミーシーまたはミッシー）という考え方を使うことが有益です。MECE とは、お互いに重なり合わず、全体として漏れがないことを意味していますが、仕事の効果を上げるためのフレームワークの一つです。

　このフレームワークを使えば、書類に記載が必要な情報を "漏れなく"、"ダブりなく" 絞ることができます。

　余分なものは記載せず、ただし必要なものは漏れなく記載されるようになるので記載さえされていれば手戻りはなくなり、業務は最適化されます。

　また、会社によっては似たような書類が多い会社もあります。

　例えば、福利厚生の飲食の申請書と接待交際費の申請書が別になっているようなケースです。この点は、書類を作成する目的によりますので、一概には言えませんが、申請書の種類が多くなってしまうと申請する人が適切な申請書を探すことに時間がかかってしまったり、間違った申請書で書類を作成してしまったが故に、改めて申請をし直すことになると言ったムダが生じることもあります。

　ですから、なるべく書類の種類は少なく絞り込んでいくことも考えてみて下さい。

　一つの書類でどこまで汎用的に使えるようにするかを考えるにあたっても MECE を活用して下さい。ただ、何にでも使えるようにすればするほど、記載要素が増えてしまって作成する段階で悩んでしまうこともありますので、悩まずに書類を作成できる程度に一つの書類での記載項目絞ることも同時に考える必要があります。

　書類の種類が多くなりすぎず、そして少なくなりすぎずバランスをとるの

も腕の見せ所です。

　申請書類の種類が適正な数になり、記載項目に漏れやダブリがなくなれば、間違えをする人が減ります。その結果、人によって仕事にムラが生じると言うことがなくなってくるのです。

　ここでは、書類の不備が原因で仕事にムラが生じて、結果として確認作業時間のムダが生じると言うことについて、お話ししましたが、実際に会社でそれにかかっている時間を集計してみると膨大になっている会社もあると思います。このムダな時間の削減に取りかかってみましょう！

MECE視点でひな型を作ろう	

■　支出申請書に記載しておくべき事項の例

項目	内　　容
申請日	いつ申請したのかがわかります
対象年月	いつの経費になるのかを判別します
申請者氏名	誰が申請したのかがわかります
申請部署	どこの部署が申請したのかがわかります
支払先情報	支払う企業名、支払期日、支払金額、支払方法などの基本情報を記載することで、資金繰り情報などに利用します
負担部署	どこの部署の経費に計上するのかを判別します
負担割合	負担割合または負担金額を記載することで情報不足がなくなります
プロジェクトコード	部署以外にプロジェクトごとのコスト管理をしている会社であれば、プロジェクトコードも記載しておきます
経費の内容	勘定科目を連想させるような内容を記載してもらうことで、勘定科目と紐づかせることができます

カイゼンのポイント

☑ 漏れずに記載されるように書類を工夫する！

☑ MECE 的な発想で記載項目を決定する！

☑ 書類の種類が膨大にならないように調整する

ファイルは仲良くみんなで1冊作る

決算ファイルは会社で1冊にまとまっていますか？

Check Point

「プロセス良子さん、貸借対照表の各勘定科目の残高の検証資料を見たいので、決算の時にまとめたファイルを見せていただけますか？」

「はい、どうぞ。」

「あれ、このファイルは資産のうち預金と固定資産しかないですよ。資産関係の他の科目と負債の部の資料は綴じ込んでいないのですか？」

「私は預金と固定資産の担当なのでそれしか綴じていません。」

「と言うことは、それぞれの担当者が自分の担当した科目のファイルを持っているのですか？」

「きっとそうだと思います。私は見たことありませんから。」

「ストップ部長はチェックするときにそれぞれに聞いているのですか？」

「どうでしょう。私は資料の提出を求められたことがないから見てないのかもしれません。」

「…」

ファイルの冊数が多いほど仲が悪い？

　プロセスデザイン社では、決算ファイルが１冊にまとまっていないようですね。

　ペーパーレス化が進んでいるとはいえ、決算関係のファイルなどはまだ多くの企業で紙に打ち出して最終版をファイリングしているのが現状だと思いますので、この Scene では紙で打ち出した書類のファイリングについて説明します。

　ファイリングの状況が部内のコミュニケーションの善し悪しを反映することもあります。プロセスデザイン社のように担当者それぞれが自分の業務の内容をファイリングしているのは、コミュニケーションがとれていない会社の典型です。

　過去に携わった現場でも、プロセスデザイン社のようにそれぞれが自分の勘定科目のファイルを持っている状態でした。そして、数名で決算作業をしていましたが、お互いの会話は少なく誰がどこまで進んでいるのかわからないような状態でした。このような現場は複数見たことがあります。

　結果として、次のようなことが発生していました。

■誰もチェックをしていない勘定科目がいくつかあり、中身が不明のまま過去から放置

　貸借対照表の科目でもあまり動きがない科目に関して、誰も担当をしていませんでした。そのため保証金の勘定科目に関して、帳簿上は金額が計上されているにもかかわらず実際は既に解約済みであったので、計上されていることが間違いでした。

■他の人が作業をした内容を相互に検証していなかったため数値が不整合

　給与計算の作業をして仕訳計上をしている担当者と、源泉税の納付書の作成をしている担当者が別でした。本来であれば、給与計算をしている担当者が計上した「源泉預り金」の勘定科目の計上金額と、源泉税の納付書の納付額の金額は一致するものです。しかし、お互いに資料の確認をしないまま作業をしたために誤った金額で納付をしていました。

■重複していても誰も無関心

　お互いにコミュニケーションをはかっていれば、ムダな作業はしないようになりますよね。しかし、コミュニケーションがとれていないとお互いの仕事の内容を把握していないので、結果として同じような作業をそれぞれの担当者が行っているなんていうムダも生み出していました。

　例えば、支払担当者が請求書をもとに作成した未払金のリストを作成しているのに、決算担当者は帳簿の未払金の残高と一致しているそのリストを帳簿残高の参考資料として付けずに、請求書を1枚1枚コピーして付けている会社がありました。これなどは、支払担当者が行っている業務を認識していないために起きてしまった余計な作業ですし、ファイルの量も無駄に増えてしまいます。

■上席者が確認をしないまま確定

　整然と整理されたファイルがないので、上司は「きっと合っているだろう」という希望的観測のもとに中身を見ることを放棄していました。結果として誤ったものがあっても長年正されないままでしたので、決算が誤った状態でした。

　このようにファイルが部内でまとめられていないということだけで、多く

の弊害を生み出してしまいました。

「たかがファイリング、されどファイリングです。」

　まずは担当者が複数であったとしても決算のファイルは 1 冊にまとめましょう。そして、部内の全員がわかる場所に置くようにしましょう。

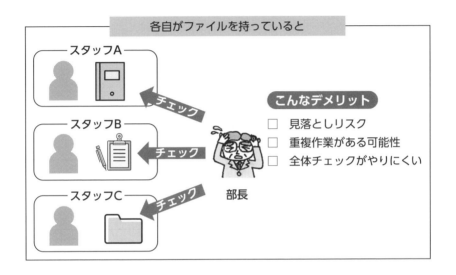

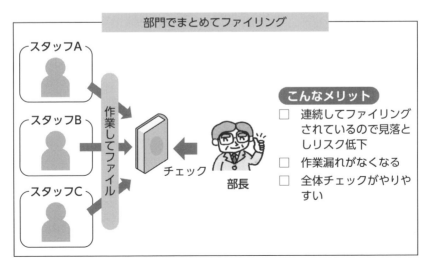

カイゼンのポイント

V 部内で仲良く一つのファイルにファイリングする！

V 上席者がチェックしやすいようにファイルは一つにまとめる！

探しやすいファイルにする工夫を

紙のファイルには、目次とインデックスが付いていますか？

Check Point

「プロセス良子さん、決算ファイルを一つにまとめてくれたみたいですね。」

「はい、アドバイスを素直に聞いて、綴り直しましたよ。ご覧になりますか？」

「是非とも見せて下さい。」

「私の努力の結晶をどうぞご覧下さい！」

（ファイルをめくり始めたが、しばらくして…）

「どういう順番になっているのですか？」

「作業が終わった順番に綴じ込んでいきましたけど。」

「見る人がわかるような並びにした方がいいと思いますよ。それに目次も作っていないようなので、目次は作りましょう。」

修正前の資料は勇気を持って廃棄する

　決算ファイルを1冊にまとめるところまでは一歩進んだようですが、Kaizen 税理士から早速指摘が入りましたね。

　製造業で稼げる工場に変えるには、整理整頓は必須と言われていますが、

これは経理部門にも言えることだと思います。

「作られた資料が、きちんと残っている」

「資料が探しやすい」

「資料が見やすい」

といったことができていないと仕事にムラが生じます。

「資料が残っていないと、翌年同じ作業をするときに、何をするのかがわからなくなる」

「確認したいことが生じても、資料がなければ調査に時間がかかる」

「資料が探しにくいと探すための時間が大幅にかかる」

「資料が見にくいと他の人に作業をさせたくても、代替してもらえない」

などなどマイナスの影響が生じてしまいます。

　ですから、ファイルをどのように整えるのかというのは非常に重要な業務です。

　ここでは、決算のファイルを例に考えましょう。

　ファイルには目次を作って、トップページに挟みます。これは、どんなファイルでも共通の事項でしょう。

　決算ファイルの目次の場合、勘定科目順で配列するのが分かりやすいでしょう。貸借対照表の資産から始まって、負債、資本の順番です。その後、損益計算書の売上から始まって、費用項目の順番です。

　また、科目ごとに作業担当者とチェック担当者の名前を付しておくと良いでしょう。実際に作業が完了して、科目の残高の検証等が終わったらそれぞれの担当者が日付付きの担当者印を押印しておくことで進捗状況がわかります。

　チェックする人も、勘定科目順に並んでいれば探しやすいです。例えば、上席者がチェックするときに、ファイルを上からめくっていけば貸借対照表の資産から順番にチェックができるようであればチェックもスムーズにでき

ます。

　作業をしながらファイリングをしていると、数値の修正が入ったときなど
は修正前の資料と修正後の資料が混在することがありますが、修正内容を確
認したら修正前の資料は廃棄しましょう。

　捨てるに捨てられず、修正前の資料を綴じたままのケースがありますが、
作業をしているときは、その内容がわかるので便利ですが、後日見るときは
同じような資料があると非常に見にくくなってしまいます。また、捨てずに
とっておくとその分だけ資料の厚みも増してしまいます。どうしても捨てる
べきでないと思われる修正前の資料に関しては、修正となった経緯等をメモ
にして残しておき、後日資料を見たときにわかるようにしておきましょう。

　それと探しやすさを追求するために、目次に合わせてインデックスも作り
ましょう。資料の厚みが増してきているにも関わらず、インデックスがない
と探す時間が増えて大変になります。細かいようですが、こういった努力が
時間の圧縮につながるのです。

ファイルを見れば仕事の進捗度合いがわかる

　このように紙のファイリングを整然と行うと他にも効用があります。
　一つは、業務の進捗状況がわかると言うことです。
　決算ファイルは、作業がスタートした時点では目次のページがあるだけで
他には何もありません。作業が進むに従って、綴じ込みをしていくとどの程
度進んできているのかがファイルの厚みでわかります。決算内容が前年と大
きく違わなければ、前年の決算ファイルと同じようなものができあがります。
前年のファイルと今年のファイルを並べて見て、同じような厚みになれば作
業は完了するはずですので、ファイルの厚みを見れば進捗がわかるのです。

　みんなでファイルの場所を共有していれば、ゴールに近づく感じを決算ファイルの厚みで感じ取ることができます。

　もう一つは、他の部員に業務を移管しやすくなるという効用です。新しい担当者に前年のファイルとその担当箇所を見ておいてもらって、同じようなものを今年分として作成してもらえれば、担当部分の決算作業を業務移管することが可能です。

　見やすい資料がきちんと綴られていることが業務移管のキモになります。

　あるいは、担当者が急に不在になって作業ができなくとも整理整頓されたファイルがあれば作業を遂行することができます。

　ファイルの整理整頓を進めると道が開けてきます！

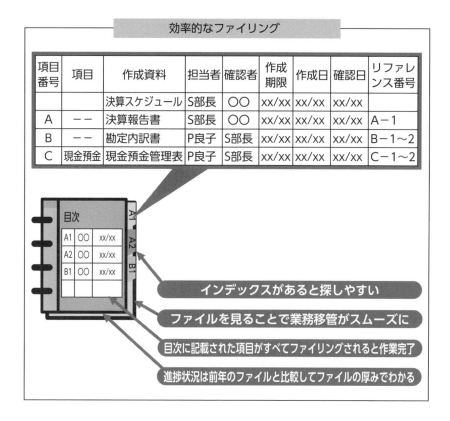

効率的なファイリング

項目番号	項目	作成資料	担当者	確認者	作成期限	作成日	確認日	リファレンス番号
		決算スケジュール	S部長	○○	xx/xx	xx/xx	xx/xx	
A	－－	決算報告書	S部長	○○	xx/xx	xx/xx	xx/xx	A－1
B	－－	勘定内訳書	P良子	S部長	xx/xx	xx/xx	xx/xx	B－1～2
C	現金預金	現金預金管理表	P良子	S部長	xx/xx	xx/xx	xx/xx	C－1～2

インデックスがあると探しやすい

ファイルを見ることで業務移管がスムーズに

目次に記載された項目がすべてファイリングされると作業完了

進捗状況は前年のファイルと比較してファイルの厚みでわかる

カイゼンのポイント

✓ 目次とインデックスを作成して、修正前の資料は捨てる！

✓ 美しいファイリングで業務移管が可能に！

Scene
21

膨大なソフトデータを整理整頓する

ソフトデータは格納した場所がわかるようになっていますか？

Check Point

> 「今回から、決算作業の一部をプロセス良子さんが引き継いだのですね。今は去年の資料の確認をして、予習しているのですか？」

> 「はい、そうなんです。事前に資料を見て理解を深めようと思いまして。」

> 「Excel で作業をしているような資料もあるようですが、実際に Excel のファイル内容も見て作業イメージはつかめましたか？」

> 「本当は、そうしたいのですが、会社のサーバのどこにしまっているのかわからないのです。探してはみたのですが…。似たファイルはあったのですが、打ち出している資料と数値が違うので恐らく違っているのかと思います。見つからなかったので諦めました…」

> 「資料を見せてもらえますか。うーむ、確かに、フッターに何も印字されていないですね。保存していると思われるフォルダも見せてもらえますか。」

> 「ここが決算関係を格納している場所のようです。」

> 「ファイルはたくさんありますが、種類別にフォルダを作っているわけでもないし、似た名前のファイルがたくさんあって、これでは、探すのが大変ですね。」

ソフトデータが探しやすい状態になっていない

　プロセスデザイン社の決算を引き継ぐことになったプロセス良子さんですが、作業ファイルの格納場所を探すのに苦労をしているようですね。

　経理業務を進めていく際に、多数のソフトデータが生成されますが、それらの整理整頓ができていないがためにプロセス良子さんが困惑しているように、どれが最新で、どこに格納されているのかがわからない状態となっている会社は多数あると思います。

　資料を探す時間は、紙であろうが、ソフトデータであろうがムダな時間です。ですので、資料を探す時間を極少化することも働き方改革の一つです。

　ソフトデータの格納に関して、次のことを実施したらグッと効率が上がります。

■内容別にフォルダを作成する

　紙のファイルの整理と考え方は同じですが、整理整頓するには、目次作りが重要です。仕事の内容によってどのように目次を付けるかに絶対のルールはありませんが、関連者にとって分かりやすいというのが一つの基準になるでしょう。

　決算関係であれば、勘定科目というのも分かりやすい目次でしょう。支払関係であれば、支払日を目次にするというのも一つの方法です。

　目次がサーバ上のフォルダ名になっていきます。フォルダ名の決め方のルールは関連者が集まって決めるのをおすすめします。もちろん、いろんな意見が出てきて収拾がつかなくなった場合は、誰かがビシッと決めなければなりませんが、とにかく「分かりやすい、探しやすい」という視点で考えましょう。

　そして、ルールを決めたら必ず文書にして残しましょう。仕事のムラをなくすには、文書化してルール化するのが近道です。

ルール1　ファイル数を減らし、ファイルの名前を付け方を決める

　Excel等のファイルはかなりの数になることも多いと思います。中程度の規模の会社でも一つの決算で50以上のファイルが生成されると言うことも珍しくありません。そして、これらが月次、四半期、年度決算ごとに生成されると膨大になりますよね。

　探しやすくするための前さばきとして、ファイル数を減らす工夫も有益です。内容別にあまりにもファイルを作りすぎてしまうと、検索性を高めたとしても、該当のファイルにたどり着くまでに時間を要することになってしまいます。そこで、一つのファイルに統合できるものはできるだけまとめるようにすることも検討すべき事項となります。

　次に実施すべきことはファイル名の付け方をルール化することです。ただし、ここではあまり厳密にルール化をすることは現場の負担感を生じさせますし、ルール化することが仕事の制約になってしまうこともあるので、最低限記載すべきルールを決めることで十分です。

　例えば、作成日、作成内容、作成者といった後で検索するときに必要と思われることを決めて、必ずその要素をファイル名に記載するようにします。

　そうすることで、後日検索したり時系列で確認したりする際にスムーズにことが運びます。

　また、この点についてもルールを決めたら文書化して、後で関与する人が迷わないようにしましょう。

ルール２　ソフトデータを打ち出した時はフッターに日付と格納場所は必ず打ち出す

　ソフトデータで作成したものをチェックするために紙で打ち出して、ファイルすることはあります。上司は、紙で打ち出された資料でチェックすることも多いですから。

　この打ち出しの際に必要なことは、フッターに日付と格納している場所を印字しておくことです。

　こうしておくと、後で見たときにいつ作業をしたのかがわかりますし、資料がどこに保管されているのかも一目瞭然です。

　担当者が代わったとしても、少なくとも使ったファイルの場所を探す手間はなくなりますので、必ず打ち出しのルールを作って、それを守るようにしましょう。

古いファイルは、区別できるようにする

　経理の仕事をしていると一度で数字が確定せずに何度も修正が行われると言うことも珍しいことではありません。

　そうすると、その都度新しいソフトデータが生成させることにもなります。このような場合の修正前の古いデータをどのように扱うのかも整理整頓を考える上で重要です。

　一つのやり方は、「OLD」等のフォルダを作って、そこに念のため格納しておくという方法です。ファイル数は増えることになりますが、再度使う可能性がある場合などはルールを決めて格納をしていくことになると思います。

　もう一つは、古いファイルは全て削除するという方法です。扱う内容に
よってどちらが望ましいのかを考えた上で、一定のルールに従って古いファ
イルの整理をしましょう。

　良くないのは、雑然と同じようなファイルが多数存在して混沌とした状態
のまま放置してしまうことです。

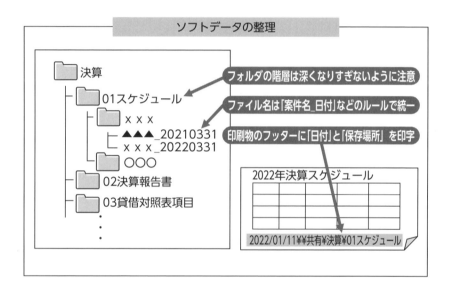

徹底できないのには訳がある

　どれも基本的なことですので、一つ一つは難しくありません。しかし、実
際にはうまく運用できていない会社も多いです。

　うまくいかない会社は、次のような原因を抱えています。

■ルールを決めても文書化していない

　課題を認識した結果ルールを決めたとしても、ルールが文書化されていないと時間が経過すると徐々に当初決めたことが風化していって、決められたルール通りに運用されなくなってしまいます。

　途中から新しい社員が配属されたとしても、口頭で伝授されると認識のズレが生じてしまうこともあります。誤解のないように業務を進めるためにも文書化したものを提示する流れを作りましょう。

■ルーティーンなことにオリジナリティを出そうとする社員が出現する

　決めごとはみんなで合意したらその通りに実行することが重要です。ファイルを適切なルールに則って格納していくというのは、ルーティーンです。ルーティーンなことにもかかわらず、そこにオリジナリティを出そうとする社員も少なからずいるのではないでしょうか。例えば、ファイル名には西暦の日付を記載すると決めたのに、和暦の年月を使うといったことも一例です。

　具体的には、令和4年2月10日作成のファイルであれば、ルールでは西暦の日付で「20220210」とするところを和暦の年月で「R0402」とするようなことです。ちょっとした違いのように見えますが、こういったルールを逸脱したファイルが多数できあがると、いざ必要なファイルを探そうとしたときに探すことができなくなり、結果として業務効率が悪化します。

■継続するように確認をしない

　そうは言っても、自動的に決められたルール通りにみんなが動いてくれないものですので、やはり必要なのは定期的な状況の確認でしょう。

　ルール通りに実施しているかを上司が確認したり、特別プロジェクトチームがあれば内部監査的に確認したりすることでやり方が維持されるのです。

徹底できない原因に一つでも当てはまることがあるようでしたら、業務改善のために課題をつぶしていきましょう。

カイゼンのポイント

☑ 格納する時のファイル名のルールを作りましょう！

☑ ソフトデータを打ち出す場合は、フッターに打ち出し日付と格納場所を！

請求入金業務はシステム間の連携を忘れずに

売掛金の残高が請求データ管理システムと一致していますか？

Check Point

 「プロセス良子さん、この前導入した販売管理システムの今月末の残高を見せて下さい。」

 「はい、この得意先残高一覧表でいいですか？」

 「はい、それでいいと思います。それと、試算表を持ってきて下さい。」

 「どうぞ、試算表です。」

 「残高一覧表と試算表の売掛金残高は一致していますかね？」

 「すみません、見ていません。どうでしょう。」

 「合っていません…」

販売管理のシステムと会計の帳簿残高が不一致で放置

　結構ありがちなのは、売掛金の管理に関して、試算表の売掛金の残高と会社が別途管理している販売管理の台帳残高とが一致していないケースです。

　当然に合っているべき数値が合わないままで放置されていることもありますが、何故このようなことが起こるのでしょう。

　両者が一致していない会社は、次のように業務が行われているケースが多

いです。

ケース１　販売管理のシステムを導入しないで、Excel で管理を行っている

　Excel で販売関連の管理を行っている場合は、請求書も Excel で発行していますが、そのデータと Excel で行っている請求管理台帳とがリンクをしておらず、請求管理台帳に転記する際にミスが生じたり、入金があったときに、請求管理台帳に入金額を入力して得意先ごとの残高を管理すべきところ、入金額を誤って請求管理台帳に登録しているケースが見受けられます。入金額を入力する場合、振込手数料を考慮すべきところを考慮していないなんていうケースは、残高が一致していない会社ではよくある間違っているパターンです。

　費用対効果にもよりますが、Excel で管理を続ける場合、数値の関連づけを誤ったり、転記ミスをしたりする結果、不整合が生じることが多いので、次に説明するような販売管理の専用システムの導入を検討しましょう。

ケース２　販売管理のシステムを導入しているが、請求書の発行マシーンとしてしか使っておらず、そもそも残高という概念を持ち合わせていない

　これもよくあるパターンです。せっかく購入した販売管理システムにもかかわらず、入金の消込みを販売管理システム内で行うことがなく、単純に請求書を発行するためだけに利用しており、あるべき売掛残高を持ち合わせていないという状況です。Excel、Access、Word で請求書を発行していた会社が、そろそろ販売管理システムを導入して、請求書を発行しつつ残高も管理しようと思ったのに、債権残高の管理はできていないというのがこのパターンです。

ケース３　販売管理システムと会計システムのそれぞれに別の人が入力を 行っていて、残高を合わせていない

　これは請求管理は営業事務等の社員が行って、会計帳簿の作成は経理部門の社員が行っているケースなどで見られますが、両者がそれぞれ別々のシステムにデータを入れていることが原因となっているパターンです。営業事務の社員は販売管理システムに入力して、経理部門は試算表の売掛金を算出するために会計システムに入力をしているのですが、両方で残高を一致させる努力をしていないのです。

　経理部門の社員は、入金に関して次のようにチェックを効かせます。債権の入金があると預金残高が動くので、帳簿に入力する際に誤った金額で入金額を入力すると、同時に預金の残高も誤って入力されることになるので、試算表の預金残高をチェックした際に入力の誤りに気付きます。

　しかし、営業事務の方では、入金消込みをした場合に、誤った金額で入金額を入力しても販売管理システム上で預金残高というものは通常持ち合わせていないので、預金残高の不一致をきっかけとして入力ミスに気付くということができないのです。

　それでも、経理と営業の両部門で、月末に入力が完了した段階で両方の残高を確認し合えば、ミスに気付いて修正することで残高は一致するはずですが、確認し合っていないケースが多いです。ですから決算などを締める場合に、両者が合わず、どちらに残高を合わせるのかということが毎度話題にあがってきてしまうのです。

　それにしても、このやり方で残高が一致したとしても両方の部門で同じようなデータを入力しているのですから、ムダが生じていますね。入力件数が多いと入力時間もかなりの時間になるでしょうし、仮に両者で突き合わせをして残高修正をすることになっても、ミスを発見するのに時間がかなりかかりそうですね。

販売管理システムのデータをそのまま会計システムのデータとして流し込む

　上記のようなムラやムダをなくすために、最も効率的な業務の流れは、販売管理システムで残高管理を行って、会計システムには販売管理システムで入力したデータをそのまま使うという流れです。

　会計システムの中でどのように数字が計上されているのかを考えてみましょう。売掛金の残高は借方に計上される請求データである売上計上と、貸方に計上される入金データである回収計上の差額で算出されます。

　販売管理システムには、その請求データと入金データが全て入力されていますので、その情報をそのまま会計システムに取り込めばいいのです。

　両方のシステムのメーカーが同じで、システム連携が可能なものであれば、容易に連携を図れるでしょうし、異なったメーカーのものであったとしてもデータを取り出して取込みを図ることは可能です。まずは、販売管理システムのデータをそのまま会計システムに取り込んで、会計システム側では手動で入力をしない流れを作りましょう。

　販売管理システム側で適切に残高管理をすれば、会計システム側では補助コードや取引先コードで残高管理をする必要はありません。なぜなら、会計帳簿の売掛金の得意先ごとの残高の明細は、販売管理システムに登録されているからです。

　販売管理システムで得意先ごとの残高が適切に管理されているということは、普通に考えると個別の消込みをしているということですが、実は、適切に個別に消込みが行われていないというケースもあります。

　具体的には、

　　・回収元の企業を誤って別の企業からの回収と判断して消込みを行って

　しまった

・請求額と異なった金額で回収がなされたので、本来であれば原因を確
認しなければならないにもかかわらず、放置してしまったために、ど
の請求の分が未回収なのかがわからないままとなっている

などといったことがあります。

　上記のような状態になっていると、たとえ合計としての売掛金の残高は
合っていたとしても、個別の残高明細が正しくない状態になってしまいます。

　ですので、適切に販売管理システムを活用するためには、個別の案件の消
込みまで実施することが重要です。入金消込みに関しては、次の Scene**23**
で詳しく説明します。

　売掛金の管理は、毎月ルーティーンとして行う業務ですので、まずは業務
を効率的に行っているのかを確認しましょう。その上で、一度残高管理を
誤ってしまうと将来にわたって残高が正しくないままで引き継がれてしまっ
て後の人が困ることになってしまいますので、毎月適切に合わせる仕組みも
作りましょう。

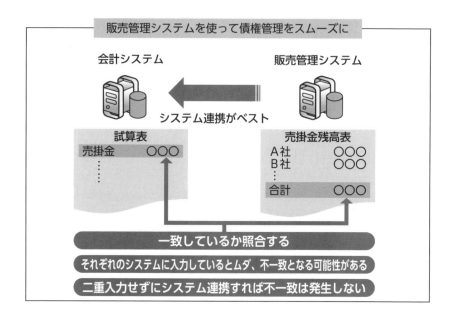

カイゼンのポイント

✓ 販売管理システムのデータをそのまま使って二度打ち禁止！

✓ システム同士の残高を毎月一致させないと将来困ることになる

入金消込みは専用システムに行ってもらう

入金の消込みを人間の目視で行っていますか？

Check Point

 「得意先が増えるのはいいんですけど、入金の消込みが本当に大変なんです。」

 「どうやって消し込んでいるのですか？」

 「通帳を見ながら1件1件確認して売掛金を消し込んでいます。月末入金後の月初数日はとにかくこの消込み業務で夜なべが続くのです…」

 「自動的に消し込むシステムを使ったら夜なべがなくなると思いますよ。」

自動消込みのシステムを導入してみる

　会社の業績が向上して取引先が多くなることは、会社にとってはうれしいことですね。

　ただ、請求書の発行件数が増えると、入金時の入金の消込み件数が増えることになるのが経理部門泣かせですね。

　販売管理業務に関して、入金の消込みに苦労をしている会社をよく目にします。そもそもの入金件数が少なければ、目視でどの請求分に該当するのかを判別することはそれほど難しくはありません。

　また、請求金額と同額を入金してくれるようであれば、消込みも簡単ですが、異なった金額で入金をしてきたりすると消込みが単純にできないので、苦労します。請求先と異なったところから入金がされるとなると消し込むのも一苦労です。

　入金の消込みは、件数が増えるに従って、イレギュラーな入金が増えてきます。

　そこで、単純な消込みにかける時間を削減するための一つの方法が、自動消込みシステムの導入です。

　自動消込みシステムは、簡単に言うと請求データを入金データのマッチングをかけて、一致したものを消し込んでいくシステムです。

　入金情報のうち金融機関名・支店名、得意先のカナなどをキーにシステムが照合をしてくれるのです。

　最近は、学習機能というものも強化されて、振込に際して手数料を差し引いてくる相手先についてはその情報を登録しておくと、次回以降は手数料を加味した金額で消込みを実施しくれて、結果として適切に消込みがなされるのです。

　学習機能に関しては、同じ名前の得意先が複数あった場合に、どちらの得意先なのかが判別できませんが、入金元の金融機関・支店がわかれば次回以降に同じ金融機関・支店から入金があった場合は、同じ名前の得意先だとしてもどこからの入金と学習させておけば消込みがされます。

　自動消込みシステムを導入することで、目視で行っていた消込みの時間が大幅に削減されます。そして、学習機能を活かすことで、次回以降に消込みがなされるようになれば、自動消込みの比率が上がってきますので、結果として時間を生み出すことができます。

　その上で、システムではどうしても消込みができないイレギュラーな入金だけを人間が作業することで、仕事のムラをなくすことができるようにな

ります。

仮想口座の活用も検討する

　このほかに、入金消込みに関しては、金融機関が提供している仮想口座（バーチャル口座）を活用することで効率化が図れるケースもあります。

　仮想口座による入金消込みは、簡単に言うと得意先ごとに入金をしてもらう口座を割り当てることで、どの得意先から入金したかを判別する方法です。

　仮想口座を活用することで、入金がどの得意先のものかが特定されますので、消込みの作業時間の削減に寄与します。

　ただ、自動消込みのシステムも仮想口座もそれぞれコストがかかります。消込みにかかる時間と、それに伴うコストと、システム導入に伴うコストを比較考慮して導入を検討してみて下さい。

請求書に繰越金額を表示するかどうか

　次に、消込み作業に関して、業務の平準化ができる一つの方法をご紹介します。

　送付する請求書に繰越金額を載せているか載せていないか、あなたの会社はどちらですか？

　繰越金額が載っている請求書の場合は、前月末残高、当月発生金額、当月入金額、翌月繰越額という内容が表示されます。

　これに対して繰越金額が載っていない請求書の場合は、当月発生金額しか記載がされません。

　前者の請求書を発送する場合は、当月の消込みをした後でないと送付できないですよね。

　月末締め翌月末入金の会社であれば、月末入金を消し込んだ後でないと繰越金額は確定しないので、消込みが終わって繰越金額を算出した後に請求書を送付するために、消込みを急いで実施しないといけません。

　それに対して、後者の請求書の場合は、請求額だけ確定すれば、消込みが完了していなくても請求書を送付できます。

　月末月初は経理部門にとって非常に多忙な時期なので、消込みに時間を要しているようであれば、繰越金額が載っていない請求書を送付するようにするのも一つの方法です。

　こうすることで、入金の消込みを少し遅れた時期に実施することができ、結果として経理部門の社員の繁忙期を分散させることができるのです。

　ただ、この場合は、お客様が請求書をなくしてしまうとその分の入金がされないままとなってしまう可能があるので、滞留している売掛金を速やかに督促できる仕組みができていることが導入の要件と言えるでしょう。

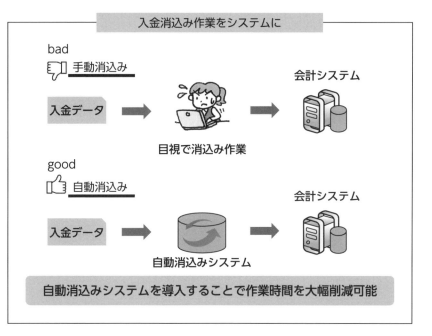

カイゼンのポイント

V 自動消込みのシステムを導入する！

V 学習機能を活かして、次回の入金では自動で消し込めるようにする！

消費税の税率が変わってもミスしない仕組みを作る

消費税の複数税率を間違えない仕組みはできていますか？

Check Point

「プロセス良子さん、先月もいいましたけど、ABC ビルの賃借料は消費税が８％の契約のままですから、消費税コードを正しく選択して下さい。」

「あれ、10％になっていましたか？賃借料の初期設定が10％なので変更するのを忘れちゃうんですよね。」

「ですから、総勘定科目で賃借料を10％と８％のものを作るか、賃借料の科目の中で物件別に補助コードを作って、ABC ビルだけは補助コードの設定で消費税率を８％にするようにして下さいって前から言っているのですけど、なかなかやってくれないですよね。」

「ついつい面倒くさがってしまって…。でも、今度こそします！毎月間違えて修正していたら、その分の時間の方がムダですものね。」

税率を間違えたままとなっていませんか

　現在、消費税の税率は10％が基本ですが、経過措置の適用を受けている会社は８％の税率、場合によっては５％の税率の適用を受けている会社もあります。

　さらに、食料品等の税率は同じ８％でも、軽減税率としての８％であって、経過措置として適用される８％とは国と地方との配分が異なります。そのた

め８％の税率に関して、経過措置としての８％なのか、軽減税率としての８％なのかを明確に区分する必要があります。

　プロセスデザイン社の場合でも、現状では10％の税率が基本ではあるものの、経過措置の８％の税率の適用を受けている場合は、正しい税率を選択する必要があります。

　実務上は、選択すべき税率を間違えてしまって、そのまま申告しているケースや、後で間違いに気付いて修正をしているケースなどがありますが、どちらであっても問題です。前者であれば、間違えたままとなっているので正しい申告がされていないということになりますし、後者の場合は、プロセス良子さんのように手戻りが生じてムダな時間がかかることになってしまいます。

税率に合わせて科目体系を工夫する

　このように消費税に関して複数の税率が混在する現状と今後において、正確に処理をしていくためには、勘定科目体系を工夫することが一つの解決策となります。

　具体的には、

　　・総勘定科目自体を税率ごとに作成する

　　・補助科目を税率ごとに作成する

のいずれかの方法をとることが一般的です。

　それぞれの方法について見てみましょう。

　まず、総勘定科目自体を税率ごとに作成する方法です。

　例えば、軽減税率が適用されるようになった場合に、異なる税率ごとに科目を作成するようにします。同じ食料品の売上でも標準税率と軽減税率が混在する場合は、総勘定科目を二つ作ります。そして、軽減税率を適用すべき

場合は、軽減税率で初期設定されている総勘定科目でエントリーをして、標準税率を適用すべき場合は、標準税率が初期設定している総勘定科目の方でエントリーをします。

　このように、エントリーする段階で勘定科目を分けることでミスする可能性を減らすのです。一つの勘定科目しかない場合は、エントリーをすると、まずは初期設定されている税率の方が選択されてしまいますので、そうでない税率にすべき場合は、消費税のコードの箇所を都度修正しなければなりません。こうすると、修正を忘れる可能性もありますし、たとえ正確に修正をするとしても都度処理が一時的に中断することになるので、連続してエントリーをする場合などは時間がかかってしまいます。

　次に、補助科目を税率ごとに作成する方法です。この場合は、総勘定科目は税率が異なっても変更をしないで、総勘定科目のもとで税率が異なるごとに補助科目を作成します。プロセスデザイン社の例でいいますと、ABC ビルに関して経過措置の８％を適用すべきであると、賃借料の科目に ABC ビルという補助科目を作成しますが、この補助科目だけ消費税の税率を初期に８％と設定しておくのです。仕訳をエントリーする場合に、経過措置の適用かどうかを忘れたとしても、賃借料の科目の ABC ビルという補助科目を選択する限りにおいて正しい税率が選択されることになるのです。こうすることで、経理知識が低い社員がエントリーをしたとしても、ミスが発生する可能性が低くなります。

　ただ、経過措置の適用が終わって、標準税率に戻った場合は、補助科目の初期設定を正しい税率に直しておかないと間違えたままとなってしまいますので、注意が必要です。

税率に合わせて科目体系を工夫する

1. 総勘定科目を税率ごとに区分

総勘定科目

☐ 賃借料（10%）
☐ 賃借料（8%）

解決！

2. 補助科目で税率ごとに区分

総勘定科目　　　　補助科目

☐ 賃借料┄┄┄┄☐ A事務所（10%）
　　　　　┄┄┄┄☐ B事務所（8%）

内容ごとに税率を事前に区分しておくことで判断ミスの低下
複数税率になると効果を発揮する

個別対応方式を選択している場合はより複雑に

　消費税の申告にあたって、課税売上高が5億円を超えているために個別対応方式か一括比例配分方式のいずれかを選択するにあたって、個別対応方式を選択している場合はさらに複雑です。

　仕入にかかる消費税が単純に税率の違い（例えば10%か8%か等）だけではなく、税率の違いに加えて、課税売上対応の仕入か共通売上対応の仕入か非課税売上対応の仕入かの3区分をしなければなりません。

　ですから、税率の違いが2つでも個別対応方式を選択するとそれぞれの税率ごとに3つの区分をするので、合計6つに区分する必要にあるのです。

　これに更に課税対象外や軽減税率が加わると、区分する税率のコードが2桁になってしまうことがおわかりでしょう。

　ですから、複数税率のもとで混乱なく経理処理ができるように、勘定科目

体系を工夫しておくことが重要です。

　さらに、2023年10月以降に適確請求書等保存方式（いわゆるインボイス制度）が適用されると消費税のコードが増える要素があります。

　免税事業者から仕入れた場合に控除できる額が現在と異なることになります。

　2023年9月までは、免税事業者からの課税仕入れに対しても全額仕入税額控除が可能なので、課税事業者と免税事業者とで適用する消費税コードを区分する必要はありませんが、2023年10月から3年間は免税事業者からの課税仕入れについては全額ではなく80％しか仕入税額控除ができなくなり、その後3年間は50％しか仕入税額控除ができません。そして、それ以降は一切仕入税額控除ができなくなるのです。

　そのため、2023年10月以降は免税事業者からの課税仕入れに関して、仕入時期に応じて課税事業者からの課税仕入れに適用している消費税コードとは別の消費税コードを作成して、そのコードに入力することにより区分する必要があるのです。

　このように消費税コードは税制改正に伴って複雑さが増してきますので、コードの設定を適切にすることで、ムラなく業務が進められるようにしましょう。

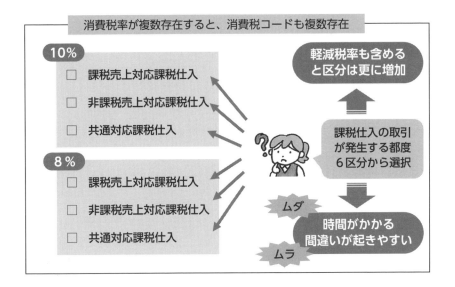

免税事業者からの仕入で複雑度は増す

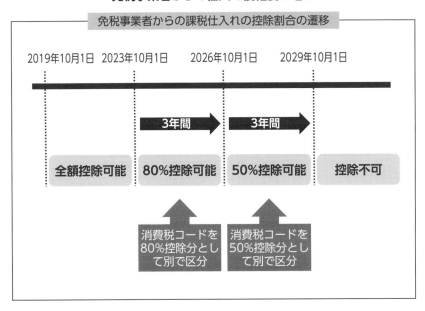

カイゼンのポイント

✓複数税率対応のために、総勘定科目を税率ごとに作成するか補助科目を税率ごとに区分しよう！

✓個別対応方式選択企業はより複雑なので、必ず対応しておこう！

Chapter4

ムリをなくす
経理のテクニック

手を抜けるところは手を抜く
働き方改革を進めるにあたって
おさえておきたいポイントです

時間と空間を選ばないクラウドは 経理業務でも活躍する

クラウド環境で仕事ができていますか？

Check Point

「この宅配便の資料は明日には北海道に届くのかしら？」

「何を誰に送るのですか？」

「ストップ部長が昨日から北海道に出張なのですが、どうしても明日には試算表と総勘定元帳の一部を見たいって言うので送るのです。」

「あれ、この前に会計システムをクラウド環境で使えるように変えたからパソコンを持っていれば見られるはずですけど。」

「そう言っていましたね、まだ慣れてないらしくて…、それにストップ部長はパソコンを持ち歩く習慣がないようなので、持っていってないかもしれませんね…。」

隣にいなくても仕事がスイスイ進む

　プロセスデザイン社では出張中のストップ部長に試算表や総勘定元帳を送付しているようですが、出張中だと財務情報が見られないということでプロセス良子さんが急ぎ気を利かせて送ったのでしょう。

　一昔前は、オフィスから一歩出ると財務情報等をセキュリティが高い状態で閲覧することは難しかったのですが、最近はクラウドコンピューティング

の普及で遠隔地での情報の閲覧は容易になってきています。

　クラウドコンピューティングとは、インターネットを通じてアプリケーションを利用できるようにしたもので、経理の現場でも活用がされています。

　例えば、プロセスデザイン社のケースですと、会計データをクラウド環境で使える状態であれば、北海道に出張しているストップ部長は持参しているノートパソコンでインターネットを通じてクラウド型の会計システムにアクセスすれば、本社で閲覧しているものと同じ会計データをリアルタイムに閲覧することができます。

　必要であれば、そこで本社と連絡をして確認や修正等をすることができるのです。

　一昔前であれば、机を隣にしている部下と画面を見ながら作業をしていたと思いますが、遠隔でお互いに仕事を進められるのです。

　クラウド環境で仕事をすると仕事の進捗がめざましく早くなります。

　また、昨今はリモートワークへのニーズも高いですが、クラウド環境とリモートワークの親和性は非常に高いです。

　クラウド化されていない会計システムを利用している会社の場合、出社をしなければシステム自体にアクセスできないため、リモートワークができず、出社を余儀なくされるというケースも多いです。あるいは、外部から接続をできるようにするためにセキュリティ面も含めて会社で設備投資をしなければならず、スムーズにリモートワークができないという課題もあります。

　その点、セキュリティ面も考慮されたクラウド環境で会計システムが活用できる体制を準備できれば、リモートワークをスムーズに行うことが可能です。

　以前は会計システムを入れ替えるとなると、過去データをどのように移行するのかといったことを含めて準備と対応にかなり時間を要することも多

く、スイッチングコストが高いということも課題でした。しかし、昨今はクラウドシステムを提供するシステムベンダーの方で、他システムからの移行をスムーズにできるように工夫をしているケースも多く、切替に時間とコストがあまりかからなくなってきていますので、リモートワークの実施を検討している会社はクラウドシステムへの切替は一考に値すると思います。

さらに、クラウドシステムを提供している会社の多くは、アジャイル開発と呼ばれる小単位で実装とテストを繰り返して、顧客のニーズに対応しています。そのため、バージョンアップが盛んに行われるので、短期間のうちにどんどん使い勝手が良くなる傾向が強いです。この点もクラウド化されたシステムを活用するメリットの一つとなっています。

海外との情報共有にも役立つ

このようなクラウド環境で仕事を円滑に進めている例としては、次のようなものもあります。

■経費精算等の承認を行う

経費精算の承認を上司にしてもらう場合、クラウド環境で使える経費精算のシステムを使うと、外出先から上司に申請をして、申請を受けて上司が承認をするということが対面でなくできます。出張が多い会社の場合は、申請と承認がスムーズに行われますので、現場でも有益ですが、その情報を使って処理をする経理部門でも作業の早期化が期待できます。

■海外の現地法人の会計データを閲覧する

　昨今は、中小企業でもかなり海外進出が進んできていますが、課題としてあがるのは、現地での損益や資金の状態をタイムリーに把握することができないと言うことです。

　現地の帳簿は現地の会計システムで処理がされて、それを日本でリアルタイムに閲覧することができない状態で現地法人の管理がなされていることが多いです。

　ただ、最近はグローバルで現地法人を管理するという観点からクラウド環境で会計システムを使うケースも増えてきています。

　クラウド環境で使える多通貨、多言語の会計システムを利用することで、現地法人が入力した仕訳データを日本本社でリアルタイムに閲覧することができるのです。そうすると、損益状態や資金の状況をタイムリーかつ的確に把握することができるので、スピーディーな経営判断が可能です。

　このように、クラウド環境で業務を行うことでムダな時間を削減することができるようになります。その結果、労働時間の削減や、ギリギリに作業をすることで作業する人にムリを強いるなんて言うことを避けることも可能になるのです。

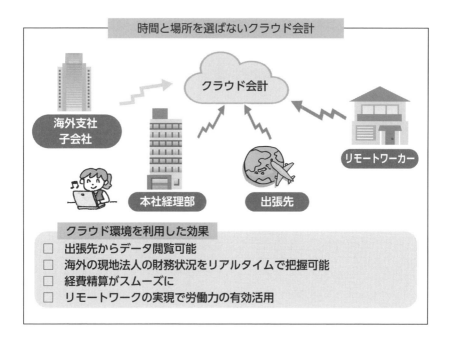

カイゼンのポイント

✓ クラウド環境で業務を進めて効率化を図る！

✓ 現地法人の管理にクラウド会計が役立つ！

✓ リモートワークの導入との親和性が高い！

Scene
26

ペーパーレスの世界が働き方を変える

自社主導でペーパーレス化できるものは切り替えていますか？

Check Point

「月初にリモートワークしたいけど請求書の発行があるからできないですよ。」

「仕方がないよ、重要情報だから請求書の打ち出しを家でするわけにはいかないから。」

「部長は考え方が、少し古くないですか？友達の会社では月のうち半分くらいはリモートワークをしているみたいですよ。」

「経理部門は紙の書類が多いから仕方ないと思うよ、発行するのも受領するのも紙がほとんどなんだから。」

「紙の書類は確かに多いですけど、ペーパーレス化を自社で図れる部分も結構あるので、そうするとリモートワークの可能性もかなり拡がりますよ。」

「いいですね！当社でも進めていきましょうよ！ねぇ、部長！」

「そういうことなら考えるか…」

紙文化から脱却できるかどうかでリモートワークの実現性に大きな差が

新型コロナウィルスの感染拡大を機にリモートワークを導入する会社が増

えました。リモートワークを進めていくにあたってはいくつかの壁がありますが、一つの壁は、社内からしかアクセスできないシステムを使っている場合ですが、その点は、Scene**25**で述べたクラウドコンピューティングを活用することで、解決が可能です。

　実際に、多くの会社がコロナ禍をきっかけに、クラウドの導入を進めた結果、リモートワークができる体制が整ったといえます。

　ただ、経理部門に関して言うと、もう一つ大きな壁があります。

　それは、紙の書類を前提に業務を進めていく体制となっているため、簡単にリモートワークに切り替えることができないという課題です。

　経理部門が扱う紙の書類としては、

　　発行する請求書や領収書

　　受領する請求書や領収書

　　契約に関係する契約書

といったものが挙げられます。

　紙の書類を社外に持ち出すことは多くの会社で禁止しており、仮に持ち出しが可能だったとしてもリモートワークをするために都度紙を持ち出していたら、大型のカバンで書類を持ち出すことになり、本末転倒な感じですね。

　実際、紙の書類が基本となっているとどのように業務を遂行しているのかを、発行する請求書をサンプルに考えると、概ね次のような感じになると思います。

　　①　請求書を発行するために出社をする

　　②　請求書に必要に応じて押印をする

　　③　発行した請求書を封入してポストに投函する

　　④　発行された請求書をもとに帳簿に入力する

　　⑤　発行した請求書の控えをファイリングして、保管する

⑥　一定期間が経過したら発行済み請求書のファイルを外部の倉庫に発
送して保管する

このような紙の文化から脱却してペーパーレス化を図ることができれば、
仕事の流れが変わることになります。

ペーパーレス化された場合の業務の流れは、概ね以下のように変わってき
ます。

①　請求書を電子化することで出社せずに作成可能

②　電子データとして請求書を送付、あるいはデジタルデータで請求
データを共有

③　請求データを会計システムに自動化して取込み

④　電子帳簿保存法を適用して、紙の請求書を打ち出さずに電子データ
で保存

⑤　書類のファイリングや外部倉庫への送付も不要

今まで出社して行っていた業務は、ほぼ出社なしにリモートワークで完結
することが可能となります。

紙文化からの脱却を目指して

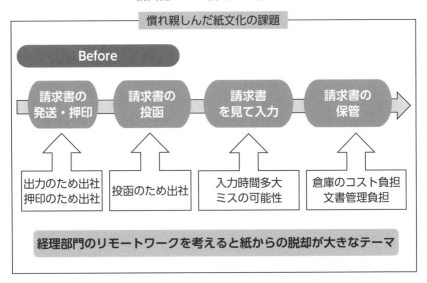

慣れ親しんだ紙文化の課題

Before

| 請求書の
発送・押印 | 請求書の
投函 | 請求書
を見て入力 | 請求書の
保管 |

出力のため出社
押印のため出社

投函のため出社

入力時間多大
ミスの可能性

倉庫のコスト負担
文書管理負担

経理部門のリモートワークを考えると紙からの脱却が大きなテーマ

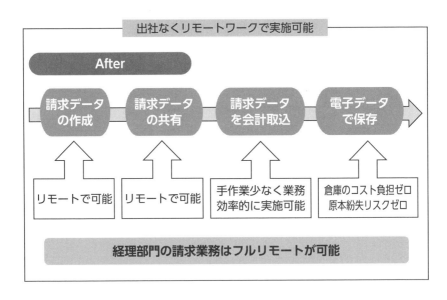

出社なくリモートワークで実施可能

After

| 請求データ
の作成 | 請求データ
の共有 | 請求データ
を会計取込 | 電子データ
で保存 |

リモートで可能

リモートで可能

手作業少なく業務
効率的に実施可能

倉庫のコスト負担ゼロ
原本紛失リスクゼロ

経理部門の請求業務はフルリモートが可能

　さらに、消費税の改正により、2023年10月から適確請求書等保存方式（インボイス制度）が導入されますが、それに伴って、電子インボイスの普及に向けての準備が国をあげて始まっています。

　電子インボイスが導入されると、今まで紙の請求書でやりとりされていたことがデジタル化されて、データのみでやりとりが行われるので、完全にペーパーレスの世界に置き換わると想定されます。

　日本での電子インボイス導入にあたっては、既に諸外国で導入が進められている「Peppol（ペポル）」という国際規格を採用する方針となっており、民間の会計システムベンダーも中心的な立ち位置で導入を加速させています。今後、電子インボイスの普及が一気に進むことが予想されますので、目が離せません。

ペーパーレスの効果はリモートワーク以外にも多くある

　ペーパーレス化による効能として、リモートワークが可能になるということ以外にもいくつか効果があります。

　例えば、発行する請求書の場合で考えると、次のようなメリットがあります。

①　紙代削減

　　紙を発行する必要がなくなるので、当然紙を購入する必要がなくなり、その分のコストが削減されます。

②　印刷代削減

　　請求書を発行する場合は、カラー印刷をしているケースも多いと思いますが、印刷をしなくなるので、トナー代含めて印刷にかかわるコストが削減されます。プリンターの消耗もそれほど激しくなくなるので、プ

リンターの利用可能年数が長くなることも想定されます。

③　郵送代削減

　　データをインターネット上で共有したり、メールで送付したりして請求額を通知できるので、郵送する必要がなくなります。そのため、郵便料金がかからなくなります。

④　封入時間削減

　　封入に関しては、機械で行っている会社であれば、そのような機械を購入する必要がなくなりますし、人間が手作業で封入しているのであれば、その分の時間がなくなるので、その時間を他の業務に充てることができるようになります。

⑤　外部倉庫代削減

　　電子帳簿保存法を適用して、紙の保存をしなくなれば、社内のキャビネットに保存する必要がなくなりますので、その分ワークスペースとして活用できる面積が増えることになります。

　　場合によっては、オフィスの面積を減らすことも可能かもしれません。外部倉庫に書類を預けている会社であれば、外部倉庫を利用する必要がなくなりますので、その分の賃料が削減できます。

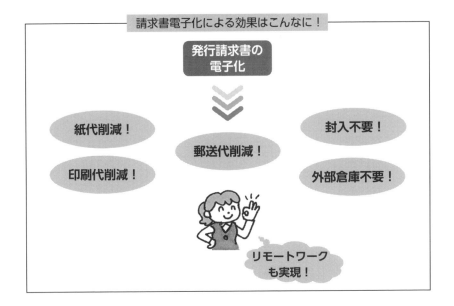

■脱ハンコは自主的に選択可能

　中小企業の経理部門の場合は、法務部門がないために契約業務に関与しているケースも少なくありません。

　その場合に、押印のために出社をするといった経験をお持ちの方もいると思います。

　押印をなくすことで、出社をせずにリモートワークが可能となるので、最近は脱ハンコの動きが加速しています。

　契約書の脱ハンコのためには、電子契約のシステムを入れることが必要になりますが、これは自社の判断で進めることができます。

　もちろん契約なので相手があっての話であるため、全ての相手先が電子契約に応じてくれるとは限りませんが、ペーパーレス化を進めたいと考えている会社の数は確実に増えてきています。そのため、最近は電子契約を打診すると、応じてくれる会社は多くなっています。

　電子契約で脱ハンコ、ペーパーレスが実現できますが、もうひとつおまけの効果があります。

　それは、印紙代がかからなくなるということです。

　紙の契約書で契約をする場合は、契約内容に応じて印紙を貼付する必要がありますが、電子契約で完結する場合は、印紙代はかかりません。電子契約のシステムを使うためのコストがかかるのでその金額とのバランスとなりますが、印紙代が減った分を電子契約のシステムに充てられると考えると、脱ハンコに向かうインセンティブは高くなっていると言えるでしょう。

　脱ハンコに関して自社で主導的にできるものとして、社内決裁もあります。

　例えば、稟議を行っている会社では、書類を持参して決裁権者のところを回って、都度決裁印をもらうという習わしがあると思います。

　この手続きに関してもワークフローシステムを導入することで脱ハンコを実践しているケースが増えてきています。リモートワークをしている場合などは、なかなか印鑑をもらうタイミングをはかることが難しいと思いますので、そのような環境下でタイムリーに決裁を進めるには便利なツールです。また、ワークフローシステムに関連書類を添付できるツールが多いので、ペーパーレス化も同時に追求することができます。

　なお、導入にあたっての留意点として、口頭での説明なしに電子申請だけで決裁を進めるとコミュニケーション不足によって意図が伝わらなかったり、メール等で冷たいやりとりが生じるなんていうマイナス面が出る場合もありますので、仮に脱ハンコを進めるために電子決裁を進める場合でも十分なコミュニケーションをとる文化は醸成しておかないと負のスパイラルに陥ることもありますので、ご注意ください。

　また、脱ハンコに関しては、行政改革の一環として押印不要の書類がほと

んどとなり、税務申告関係も多くが押印不要になりました。ただ、税務申告関係に関しては電子申告の制度がかねてからあり、特に資本金１億円超の大法人については電子申告の義務化が求められています。資本金１億円以下の中小法人については義務化の対象となってはいませんが、電子申告を利用すれば、紙の書類を印刷する必要がなく、ファイリング自体もデータで管理できますので、まだ導入をしていない中小法人があれば積極的に導入することをおすすめします。

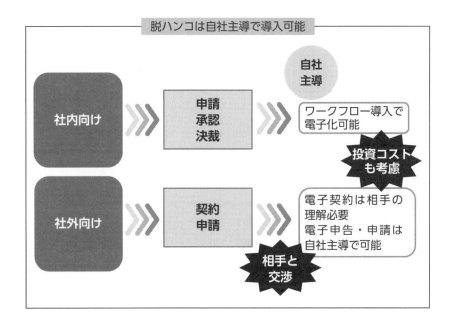

カイゼンのポイント

V ペーパーレス化で経理部門のリモートワークの可能性が拡がる！

V 請求書の発行は自社主導でペーパーレス化が可能！

V 電子契約、電子決裁システムの導入で脱ハンコが可能に！

Scene
27

電子帳簿保存法の適用で真の ペーパーレスを実現する

領収書を紙のまま保管していませんか？

Check Point

「経費精算の領収書の整理が大変で、その分残業がなかなか減りません。」

「そうかもしれないけど、税務調査の時に提出を求められることがあるのだから、残業してでもきちんと整理をしてもらわないと困るよ。」

「友人の会社では、紙の領収書は廃棄しているという話も聞いたことありますが、どうにかならないのですかね、この領収書の山！」

「ご友人の会社では恐らく電子帳簿保存法の適用を受けていて、ペーパーレスを実現しているのかと思いますよ。」

「うちの会社もそれ導入しましょうよ。」

「経費精算のシステムも導入しましたし、さらに最近は電子帳簿保存法の要件もかなり緩和されてきたので、導入すると紙の資料から解放されますので良いと思いますよ。」

「部長、お願いします！」

「そうだね、ハードルが下がったのであれば進めてみましょうか。」

電子帳簿保存法を適用すると紙の保存は不要に

　Scene**26**でペーパーレスの話をしましたが、制度としてペーパーレスを実現していくためには、電子帳簿保存法の適用を受けていくことになります。

　電子帳簿保存法とは、国税関係書類といわれる書類を電子データで保存することを定めた法律です。

　電子帳簿保存法で電子保存が可能な書類は、概ね以下の2つに分類されます。

①　国税関係帳簿（仕訳帳、総勘定元帳、現金出納帳等）や国税関係書類（貸借対照表や損益計算書の決算関係書類や見積書、請求書、納品書、領収書等）で、自己が記録段階から一貫して電子計算機を使用して作成するもの

②　国税関係書類（取引相手から受け取った書類、自己が作成して取引相手に交付した書類の写しで、契約書、見積書、注文書、請求書、領収書等で決算関係書類を除きます）のうちスキャナで保存するもの

　簡単に言うと、①は自己がコンピュータで作成した帳簿や書類で、②が取引先から受領した紙の書類をスキャナ保存する書類といいかえることができます。

　①②以外に保存が義務付けられているものとして、電子取引データがあり、それは、取引先から受け取ったメールに添付されているファイル、電子契約データ、EDIデータといったものがあります。

電子帳簿保存法の適用でペーパーレスへ

国税関係帳簿	国税関係書類		電子取引データ

国税関係帳簿

仕訳帳　総勘定元帳
現金出納帳、売上帳等

国税関係書類

決算関係書類	その他の証憑書類	

損益計算書　貸借対照表　等

見積書
請求書
領収書　等

見積書
請求書
領収書　等

電子取引データ

EDI取引　電子メールでの
取引情報添付
ファイル
インターネットサイトを
介した取引　等

自己が一貫してコンピュータで作成した帳簿や書類	・取引先から受け取った書類 ・自己が作成して取引相手に交付する書類の写し	取引情報のやり取りを電磁的方式で行う取引

作成した電子データのまま保存	スキャナ保存	紙でなく電子保存が義務

スキャナ保存制度は、導入へのハードルが大幅に下がったが、仕組整備も余念なく

　電子帳簿保存制度に関しては、大企業を中心に上記①の国税関係帳簿については、適用を受ける会社が2019年度の統計数値（国税庁発表）で27万件を超えていますが、②のスキャナ保存制度の適用を受けている会社は伸び悩んでいました。

　ただ、近年の税制改正で導入への要件が大幅に緩和されて、今後導入する企業が増加していくことが予想されています。

　スキャナ保存制度に関しては、令和３年度の税制改正で次のような改正が行われました。

① 承認制度の廃止

　税務署長への承認制度が廃止されました。以前は、導入の3ヶ月前までに税務署長の承認を受ける必要がありましたが、事前の承認制度がなくなりましたので、速やかに電子保存を行うことができるようになりました。

② タイムスタンプ要件の緩和

　3日以内としていたタイムスタンプの付与期間が、最長2ヶ月に緩和されるようになりました。

　また、スキャナ読み取り時に自署をする必要がありましたが、その点が不要になりました。

　さらに、電子保存したデータの訂正・削除の内容を確認できるシステムを利用する場合は、タイムスタンプは不要になりました。

③ 適性事務処理要件の廃止

　相互牽制（書類の受領者によるチェック）、定期検査（1年に1回以上の実施と定期検査が終了するまで原本の破棄ができない）、再発防止の社内規定整備という3要件が廃止されることになりました。

　適性事務処理要件がなくなったからと言って、管理を何もしなくなると不正が行われる可能性は十分にあります。そのため、今後は自社で仕組みを整える必要があります。

④ 検索要件の緩和

　検索項目は、取引等の年月日、取引金額、取引先の3項目に限定されることになりました。

　さらに、国税に対して、電子データのダウンロードの求めに応じる場合は、範囲指定や複数項目の組み合わせ検査機能の確保が不要となりました。

⑤　隠ぺい等による重加算税の加算

　　スキャナ保存制度への移行のハードルは下がった分、データを隠ぺい
したり、仮装などを行ったりした場合は、ペナルティとして修正申告や
更正時に課される重加算税に10％相当が加算されることとなります。

　　従業員による経費申請に関して、不正に遭遇した経験のある経理部門
の方は、多いのではないでしょうか。今後デジタル化が進んだ場合に、
同じ領収書を二重に請求するといった不正が行われる可能性もあり、そ
のような場合にペナルティを支払うことになりかねませんので、スキャ
ナ保存制度を利用する場合は、適切な管理体制を構築することも重要な
テーマだと考えます。

スキャナ保存制度は導入が容易に！

国税関係書類のスキャナ保存制度

主な改正内容	留　意　点
① 承認制度を廃止	●3ヶ月前までに税務署に申請し、税務署長の承認を受ける必要があったが、**申請が不要に**
② タイムスタンプの緩和	●3日以内であったタイムスタンプの付与期間が、**最長2ヶ月に緩和** ●スキャナ読み取り時の**自署が不要に** ●電子保存したデータについて訂正又は削除を行った事実とその内容を確認できるシステム（訂正又は削除を行うことができないシステムを含む。）において、その電磁的記録の保存を行うことをもって、タイムスタンプ付与の代用可能（タイムスタンプ無もOK） ●2ヶ月超の保存要件満たさない電磁的記録も、スキャナ保存必要（紙NG）
③ 適性事務処理要件の廃止	●**相互牽制**（書類の受領者以外の者のチェック）、**定期検査**（1年1回以上の実施と定期検査終了まで原本破棄が不可）、**再発防止策の社内規定整備の廃止**となり、体制は企業ごとに考えることに
④ 検索要件の緩和	●検索項目は取引等の年月日、取引金額、取引先の3項目に限定 ●国税へのダウンロード対応する場合は、範囲指定や複数項目の組み合わせ検索機能の確保は不要
⑤ 隠蔽等による重加算税の加算	●修正申告、更正時に**重加算税に10%相当を加算**　　注意

メリットとデメリットを認識して導入を

　電子帳簿保存法を適用することのメリットとして挙げられるのは、ペーパーレス化が着実に進むことと言えます。

　ペーパーレス化が進むということは、リモートワークの実現性がより高まり、そのような新しい働き方を希望する社員からの期待に応えることができるようになります。

　また、紙の保管が不要になることで、社内の保管スペースや外部倉庫にかかる賃料負担が軽減される影響も少なくありません。

　スキャナ保存制度を利用する場合は、全ての書類を一気にスキャナ保存に切り替える必要はなく、導入しやすい業務から適用していくのが実務上は現実的です。

　例えば、経費精算システムで検索機能や書類添付の機能等を充足しているものを導入し、従業員の経費精算からまずは導入するというケースは多いです。

　ただ、1点注意が必要なのは、電子帳簿保存法を適用してスキャンデータを保管する場合は、少なくとも7年間は保存が必要になりますが、将来システムを入れ替えた場合は余分なコストがかかるという点です。

　たとえ新しい経費精算システムに入れ替えたとしても、過去のデータは過去に使っていたシステムで検索可能な状態で見られるようにしておかなければなりません。つまり、新しい経費精算システムの料金とは別に、古い経費精算システムに関して閲覧するためだけに契約をしておく必要があるのです。

　このように一度電子帳簿保存法を適用し、そのためにシステムを導入すると検索性等を担保するためにシステムを入れ替えた場合は二重にコストがかかる場合もあるので、その点は留意しておく必要があります。

　また、スキャナ保存をする場合のデメリットとして、紙で受け取った領収書や請求書をスキャンする手間が必要になるということがあります。スマートフォンで撮影してそのまま取り込めるようなシステムもありますが、書類の枚数によっては、かなりの時間をスキャンに取られてしまうということもあります。

　その点、キャッシュレス決済を利用した際に、取引明細のデータがクラウド上などに保存され、利用者がデータの改変ができないといった条件が整っているシステムを利用した場合は、紙の領収書もタイムスタンプも不要で、取引明細のデータのみで問題はないというルールも電子帳簿保存法にはあります。この制度を利用すれば紙自体が不要なので、紙の領収書をもらうこともなく、当然スキャンの必要もないので、経理業務の効率化がさらに進むと考えられます。

キャッシュレス決済での効率化

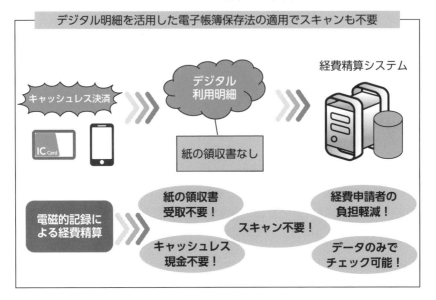

デジタル明細を活用した電子帳簿保存法の適用でスキャンも不要

キャッシュレス決済

デジタル
利用明細

経費精算システム

紙の領収書なし

電磁的記録に
よる経費精算

紙の領収書
受取不要！

スキャン不要！

経費申請者の
負担軽減！

キャッシュレス
現金不要！

データのみで
チェック可能！

カイゼンのポイント

✔ ペーパーレス化を加速させるために電子帳簿保存法を適用させる！

✔ スキャナ保存制度は導入のハードルが下がった分、社内不正への備えも万全に！

Scene 28
自動化を進めることで効率化を推進させる

☑ **仕訳の手入力の割合が高くないですか？**

Check Point

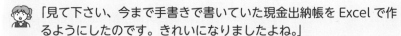
「見て下さい、今まで手書きで書いていた現金出納帳を Excel で作るようにしたのです。きれいになりましたよね。」

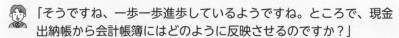
「そうですね、一歩一歩進歩しているようですね。ところで、現金出納帳から会計帳簿にはどのように反映させるのですか？」

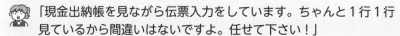
「現金出納帳を見ながら伝票入力をしています。ちゃんと1行1行見ているから間違いはないですよ。任せて下さい！」

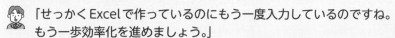
「せっかくExcelで作っているのにもう一度入力しているのですね。もう一歩効率化を進めましょう。」

Excel データの利活用をしてみる

　プロセス良子さんは、今まで手書きだった資料を Excel に変更したことで自信満々の様子ですが、もう一歩何か不足しているようですね。

　Kaizen 税理士による "もう一歩の効率化" というコメントの意味するところは、Excel の現金出納帳を二度打ちすることなく、そのまま仕訳として投入しましょうということです。

　つまり、Excel のデータのひな型を会計システムに投入できる形式に変更して、会計システムにインポートして仕訳を生成することで効率化を図るの

です。

　例えば、現金出納帳の例で考えると、日付、金額、使用内容といった情報はExcelのファイルに既に入力してあると思います。会社によっては、勘定科目も記載しているでしょう。勘定科目欄が出納帳になければ使用内容を参照して勘定科目に置き換えたり、そもそも現金出納帳を作る際に、使用内容と勘定科目をひも付けることで使用内容を選択したら自動的に勘定科目が決まるように仕組むこともできます。

　こうすることで現金出納帳には、仕訳に必要な情報が全て織り込まれることになりますので、あとは会計システムの仕様に合わせて取り込めるようにひな形を整えることで仕訳としてインポートできます。

　既存のExcelデータを活かすことで二度打ちの時間がまずなくなります。

　また、転記をすることがなくなるので、転記ミスもなくなります。

　このようにデータを加工して仕訳として投入することができないか、社内を見回してみましょう。

　例えば、店舗の売上日報がデータとして出来上がっているようであれば、そのデータのうち、会計仕訳として必要な箇所を抽出して仕訳として取り込むことが可能です。また、営業部門で請求データをExcelで作っているようであれば、そのデータを仕訳データとして活用することができます。

　会社にある精緻なデータを二次利用することで、手入力を減らすことができます。手入力から解放されることで、時間が生まれるとともに、より生産性の高い業務に時間を割くことができるようになるのです。

RPA を活用することで自動化は加速する

　先ほどは既存の Excel ファイルを二次利用して仕訳として取り込むことで効率化を図れる事例について説明をしました。

　更に効率化を図るためのツールとして、RPA を導入している企業が増えてきています。

　RPA とは、ロボティック・プロセス・オートメーションの略称ですが、コンピュータ上で人間が行う作業や業務プロセスを人間の代わりに行ってくれる自動化の技術のことを言います。

　毎月の決まった時期に行う定型作業やルーティーン作業を RPA に置き換えることで、時間を生み出すことができるのです。

　先ほどの現金出納帳の Excel ファイルを例にすると、RPA を利用しない場合は、人間が会計システムを開いて、インポート機能のメニューから Excel ファイル等の所定のファイルを取り込んで仕訳を生成させる必要がありました。

　この作業を、RPA ツールに事前にシナリオを設定しておいて、RPA ツールを実行させると、次のように作業が進みます。

　人間が行うことは、現金出納帳のファイルを所定のフォルダに格納するだけです。

　その後は、シナリオに基づいて会計システムの仕訳インポートのメニューを開いて、所定のフォルダに格納されている現金出納帳ファイルを取り込んで仕訳を取り込むといった作業は、RPA ツール、いわゆる「ロボット」が実行をしてくれます。

　このようなルーティーンの作業をロボットに置き換えていくことで、他の仕事に充てる時間を作ることが可能となるのです。

経理の現場における RPA を活用としては、他にも、

　毎月所定の管理資料を作る

　データを所定の場所に転送させる

　必要な印刷物を印刷させる

　インターネットから電子申告した結果を取得する

　所定のリマインドメールを期限に一斉配信する

といったように様々な定型業務が考えられます。

　RPA の導入で作業時間を生み出してくれるほかに、RPA を活用することで人間が目視で入力していたものを自動的に転記してくれるので、ヒューマンエラーが減少するという効果も得られます。

　なお、便利な RPA ですが、そもそもの業務が標準化されていないとロボットに業務を置き換えられないという課題もあるので、やはり業務を標準化するということは便利ツールがあるとしても実施が必要なことです。

　例えば、現金出納帳や支出申請書等のひな型から転記をするにしてもそれらのひな型が多種多様になっているとしたら、それぞれのひな型ごとにシナリオを作成する必要があるので、Scene**17** や Scene**18** でも説明しましたが、ひな型を統一するということは、RPA 導入にあたって検討が必要な事項の一つだということも留意してください。

他システムからの連携はできないか

　既にある Excel 等のデータを加工して二次利用できないかという視点については説明しましたが、さらに効率的に仕訳生成をすることができないかを考えてみましょう。

　会計システムの他に、利用しているシステムがないかどうか見回して下さ

い。

　請求管理を行っている販売管理システム、購買から支払いまでを管理する購買管理システム、固定資産の減価償却を管理する固定資産システム、給与を計算する給与計算システム等、様々なシステムを利用していないでしょうか。

　もちろん、自動連携が図れている ERP システムであれば、自動で仕訳が生成されることが前提と考えられますが、そうでない場合は、仕訳としての取込みは、一部手動で行う必要があります。

　そこでそれらのシステムで作成されたデータを仕訳として取り込めないかを考えてみる必要があります。

　販売管理システムを例にすると、Scene**22** で説明したように販売管理システムに登録された請求情報である売上データと、得意先から回収された入金データを仕訳として取り込むことが可能です。

　同じメーカーの製品であれば連携を図りやすいケースが多いですし、メーカーが違った場合でも前述した Excel の取込みのように、ひな型を調整することで取込みが可能なケースもあります。

　初期の設定には一定の工数が必要になるかもしれませんが、販売、購買、固定資産、給与計算といった毎月恒常的に発生する取引については、できるだけ手入力の作業を減らすことを考えることが経理部門の改革につながります。

　全体に占める手入力の割合が低い会社ほど業務効率が高いという印象はあります。一度会社の全体の仕訳に占める手入力の仕訳割合を算出してみて、半分以上が手入力のようであれば改善の余地がないか模索してみましょう。

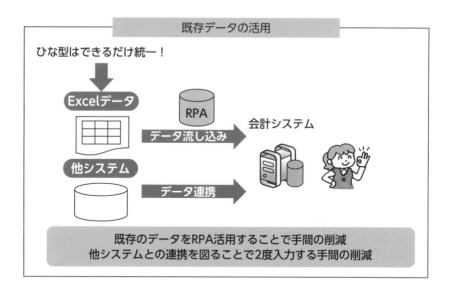

カイゼンのポイント

✓ Excel があるのであれば、二次利用を考えよう！

✓ 他のシステムからの連携を模索しよう！

経理業務では金融機関データとの親和性は非常に高い

金融機関取引の仕訳を手入力していないですか？

Check Point

 「プロセス良子さんは、今は何の仕訳を入力しているのですか？」

 「金融機関取引の入力をしています。小口の売掛金の入金が多いので、一件ずつ入力するとかなりの時間がかかって大変なのです。」

 「この会社はインターネットバンキングの契約をしていませんでしたっけ？」

 「していますけど、何か関係ありますか？」

 「インターネットバンキングのデータを利用すれば今の作業は大幅に減らせると思いますよ」

インターネットバンキングのデータはフル活用する！

　プロセス良子さんは、どうやら金融機関の入出金の取引を一件、一件手入力しているようですね。取引件数が少なければあまり時間がかからないかもしれませんが、件数が多いとかかる時間も相当なものになります。

　金融機関に行く時間を減らすことで時間の圧縮をしましょうというお話をScene10でしましたが、その場合には金融機関とインターネットバンキングの契約をすることが前提でしたね。

　インターネットバンキングの契約をしていると通常入出金のデータをファ

イルとして取り出すことができます。

　ファイルの活用の仕方ですが、CSV ファイルを仕訳として取り込む方法もありますが、クラウド型の会計システムの場合、API 連携機能が実装されているものも多く、より効率的に仕訳の連携を図ることができます。

　API とは、アプリケーション・プログラミング・インターフェースを略した用語ですが、アプリケーション（ソフトウェア）と他のアプリケーションのデータを取り込んで共有することを意味します。

　銀行が提供するインターネットバンキングのデータと会計システムが API 連携されることで、わざわざ入出金データを取り出して加工等をしなくても仕訳として取り込むことができるのです。

　時間の短縮はもちろん、転記や作業ミスといったヒューマンエラーが解消されますので、正確性も担保しつつ業務を遂行することができるのです。

　銀行の入出金データ以外にもクレジットカード会社の利用明細と API 連携をしている会計システムもありますので、中小企業の経営者でクレジットカード決済が多いケースなどは活用の幅が拡がると思います。

　さらに、経費精算システムに関してクラウド型のシステムを導入している会社も相当数ありますが、経費精算の明細を API 連携で仕訳として取り込むことで、二重入力作業を大幅に減らすことも可能です。

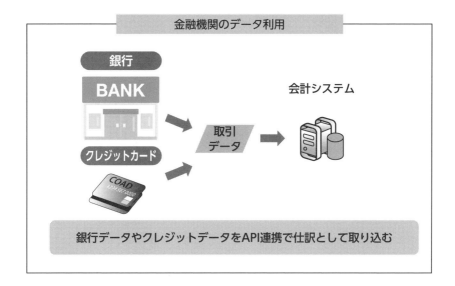

学習機能が、人間をムリから解放させる

　ただ、銀行の入出金データに関して言うと、仕訳として取り込む際は、各入出金の相手先を見て、適切な勘定科目に置き換えていく作業が必要になりますが、最近はコンピュータの発達によって学習機能というものが活用されています。具体的には、一度登録した相手先に関しては次に発生した場合は当初と同じ勘定科目で自動的に仕訳を生成させることができるようになります。

　例えば、X商事という会社から入金があった場合にそれが売掛金の入金であれば、会計仕訳として取り込む際に、

　　　　　（借方）　預金　　×××　　（貸方）　売掛金　　×××

と登録したとします。

　初回は貸方の「売掛金」という判定は人間が行う必要があります。

　ただ、翌月に同じX商事から入金があった場合は、人間が貸方の科目の判

断をしなくとも入出金データを会計システムに取り込むと学習機能が働いて、上記と同様に、

　　　　　（借方）　預金　　×××　　　（貸方）　売掛金　　×××

という仕訳が自動で生成されます。

　ですから、初回は仕訳をコンピュータに覚えてもらうという手間はありますが、翌月以降はデータを取り込むだけで済み、仕訳を作成する手間はなくなるのです。

　もちろん、同じ相手先であれば必ずしも同じ勘定科目になるということはないので、必要に応じて自動生成された仕訳を修正していくことは必要になりますが、全体の作業時間で考えれば相当程度の作業時間を圧縮することが可能となります。

　仮に毎月入出金の仕訳が1,000本あって、1本について1分の入力時間がかかっている場合、合計で1,000分（約17時間弱）を入力に要していることになります。

　これが、一部修正をするとは言え、自動的に仕訳生成まで行うようにして、全体の工数が10分の1程度になれば1ヶ月で15時間程度の時間を捻出することができます。

AI-OCR を組み合わせることで作業効率アップ

　さらに最近は、画像データをデータ化する AI-OCR という技術の進化で業務効率が向上するケースも増えています。

　AI-OCR とは、印字されたものや手書きの文字を認識して、データ化する技術のことを言います。

　経理部門でも活用がされていますが、一例を見てみましょう。

　入手した領収書や請求書をスキャナでスキャンしたり、スマートフォンで撮影して取り込んだ画像が AI-OCR を活用することでデータ化されます。その上で、取引先名称から自動的に勘定科目を判別したり、読み取った金額をもとに仕訳の金額として生成がされます。

　つまり、領収書等をスマホで撮影をするだけで仕訳データが自動的に生成されるのです。

　このように、今まで人間が行っていた作業がコンピュータに置き換えられるようになっていることが増えてきていますので、自社に適用できないかどうか、検討してみて下さい。

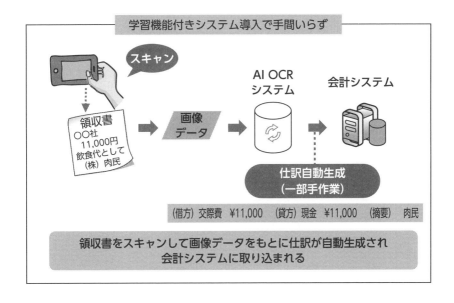

カイゼンのポイント

✔ インターネットバンキングの契約をしていたら入出金データを仕訳
として取り込もう

✔ コンピュータに置き換えられる作業を探してみよう

月次の早期化は完璧さからの脱却との バランスがポイント

月次を早めに締めるために簡便な方法を採用していますか？

Check Point

 「社長が、月次決算を早くしろ、早くしろって言うのですけど、もうこれ以上早くできないですよ。」

 「月次は、かなり精緻に処理をしているのですか？」

 「もちろん、発生主義で処理しているから正確ですよ！未払計上は、実際の請求書の金額で計上しているので精緻だと思います。」

 「ところで、納入業者からの請求書は月初早々に集まっているのですか？」

 「それが、問題なのです。遅いところはいつも遅くて…、結果として月次の処理も遅くなってしまうので困っているのです。」

月次の早期化には、完璧さを捨てることを考える

　プロセスデザイン社の社長のように、最近は月次決算の早期化を希望している経営者は中小企業でも非常に多いです。月次決算を見て、現状の課題等を認識して早めに次の手を打とうと考えている経営者が多いことが要因と考えられます。

　ここで問題になるのが、どこまで正確な状態で月次決算を締めるのかということです。

　もちろん、発生主義で全ての情報を取り込んだ月次決算を組むことが数字としては正確であることは間違いありません。

　ただ、正確にしようと思えば思うほど、月次決算の完了日は遅くなってしまいます。

　遅れることになる最大の要因は、取引業者からもらう請求書が月初速やかに来ないことです。請求書をもとに未払計上をすることになると思いますが、請求書が来るまで待っているといつまでも未払計上ができず、結果として月次決算を締めることができなくなります。

　そこで、採用される一つの方法が、概算金額で未払いを計上するという方法です。

　発注をした段階でおよそいくらの金額の請求が来るのかは把握できます。そこで、およその金額で未払いの金額を計上するのです。

　概算の金額であれば、月末を超えることなく、月末前に金額を算出することができるので、月内にその分の未払計上の作業をすることができます。そうすることで、ただでさえ忙しい経理部門の月初の繁忙期が少しは緩和されるようになるのです。

　今までは、未払いに関して概算計上をすることについて説明しましたが、未収についても同様のことが言えます。

　売上の金額を月末に確定させる必要がある場合に、事業部門での計上金額の確定に時間を要する場合は、未払いと同様に概算の金額で未収計上することで月次決算の早期化を図ります。

　月次決算の数値は、正確であることの方が良いのは間違いありませんが、その分完成速度が遅れてしまっては経営者の判断が遅れることになってしまい、そのことによる機会損失がもったいないと言えます。

　経理部門の役割は、経営陣に役立つ情報を迅速に提供することと考えられますので、完璧さを少々犠牲にしたとしてもスピードを重視することも検討

しましょう。

現金主義も使いよう

　会計は、発生主義で行うのは当然！とお考えの方も多いと思います。

　教科書的には、その通りですね。

　ただ、スピーディーに月次決算を仕上げるという視点で考えると現金主義
での処理も、時には有益です。

　現金主義で行うということは、費用サイドで考えると未払計上をしないと
言うことですから、先ほどの概算計上すら行わずにお金を払ったときに経費
を計上する方法で処理します。

　もちろん、どんなものでも現金主義で行って良いとは言えません。そもそ
も経営陣に役に立つ情報を提供するためには、正しい月次決算を提供する必
要があるのですから。

　そこで、提出のスピードと内容の正確性についてバランスを図ることが必
要です。金額が一定金額以下の少額の経費や、毎月定額で発生するものとい
う風に一定の線引きをして、現金主義で経費計上をする対象を決めてみま
しょう。金額の基準は、会社の規模によって異なりますので、会社の状況に
よって決めれば良いです。

　なお、本決算の際は、本当に正しい決算数値を算出するという観点から、
期中に概算計上や現金主義で処理していた取引先に関して発生主義の処理に
変える必要があります。

　ただし、上場会社やそのグループ会社のように決算数値を早期に確定しな
ければならない会社が、概算計上等を活用している場合は、決算数値は動か
せないので概算金額と確定金額との差額は税務申告書で調整する必要が生じ

ることに注意しましょう。

月次早期化に使えるワザ

☐ 概算計上：実際の確定額を待たずに計上

☐ 現金主義：影響額が小さい取引は発生主義で処理しない

月初の繁忙期に時間を生み出すことができ、ムリがなくなる

カイゼンのポイント

✓ 概算計上でスピードアップ！

✓ 割り切って現金主義で処理することも！

Scene 31

決算スケジュールは精緻に作る

**決算スケジュールは日単位で作成するようになって
いますか？**

Check Point

 「今回の決算は、前回のようにギリギリにならないようにできそう
ですか？」

 「はい、前回よりは良くなっていると思います。」

 「決算前の仮締めはいつの予定ですか？」

 「そうですね、再来週にはだいたい終わるようにしたいなぁと思っ
ています。」

 「まさか、今回もスケジュール作っていないのですか？」

 「今回は作成してみました。ただ、ざっくりとしていて、あまり細
かく作っていないです…」

 「なかなか進歩しないですね…」

自信がありすぎてスケジュールを組んでいない！？

　プロセス良子さんは、過去にもアドバイスをもらっているようですが、ア
ドバイス通りに決算スケジュールやタスク管理表を作っていないようですね。

　今回のケースでは、決算のスケジュールのことについて会話をしています
が、経理部門では、スケジュールを組むべき業務が多数あります。

　　　月次決算スケジュール

　　　年次決算スケジュール

　　　支払管理スケジュール

　　　請求管理スケジュール

などは、どの会社にも必要なスケジュールでしょう。

　現状、スケジュールを組んでいないようであれば、まずはスケジュール表を作るところから着手しましょう。スケジュール管理をしている方からすると驚くかもしれませんが、経理の現場では、意外にスケジュールを組んでないケースを見ることがあります。

　スケジュールを組んでいない場合は、

　　　・だらしなくて、組んでいない

　　　・慣れていて間違えることはないと思い込んで、組んでいない

　　　・間に合わせられるという半ば根拠のない自信のもと、組んでいない

と思われるケースがあります。

　1番目のだらしないというケースに関しては、これはもう厳しく作ることを徹底させるしかありません。

　例えば、税金の支払いでは、1日でも納付が遅れたらペナルティが課されます。このペナルティは会社が負担することになりますので、スケジュール管理が甘くて納付を忘れたら実害を会社に与えることになってしまいます。

　また、大手企業と取引をする場合、支払いを1日でも遅延したら遅延損害金を支払わなければならず、再度遅延が発生したら取引を継続することができなくなるなんていう契約を締結していることもあります。そうすると2度遅延を生じさせてしまったら取引自体ができなくなり本業が揺らぎかねません。

　それくらいスケジュールを徹底することは重要なのだということを理解させた上で業務にあたってもらうようにしましょう。

　2番目と3番目のケースは、ベテランに見られるケースです。通常は、適

切に仕事をしているので確かにスケジュールがなくても問題が生じることがないのですが、やはりそこは人間です。予期せず忘れてしまって、作業をし忘れたなんていうことは何度も見てきました。たいていそのような場合は、スケジュールの徹底がなされていませんでした。

　また、3番目にあるように仕事に慣れてくると納期ギリギリとはいえ、間に合わせるようになってきます。ただ、突発的な仕事が入って納期に間に合わなくなったり、あるいは徹夜をしてなんとか仕事を終わらせるなんていう事態に見舞われてしまうこともあります。

　ベテランから次の世代に仕事を引き渡す際もスケジュールがないと引き継ぐ方は不安になりますので、まずはスケジュールの作成を進めましょう。

大まかに立てたスケジュールでは、ムリが生じやすい

　次に、スケジュールは作っているのだけど、もう少し工夫が必要だなと思われるケースを紹介します。

　プロセス良子さんの例でもそうですが、スケジュールが大まかすぎるケースです。スケジュールはあるのですが、1週間単位で作られているような場合です。

　言葉にすると「来週までには終わらせる。」のような感じです。

　どうしても、期限にゆとりがあったり、期限が明確でなかったりすると、予定が後ろにどんどん遅れてきてしまいます。

　そこで必要になってくるのは、予定表を作るときは必ず、1日単位で作成するということです。更に言えば、1日の中でも完了させる時間まで決めてしまうのです。

　理想的なスケジュールとしては、言葉にすると「第3営業日の17時までに

完了させる」というように、より時限を明確にさせます。

　経理の仕事は、部外の人の資料に基づいて作業が進むものや、部内の業務でも相互にチェックして完了するものなど、複数の人が協力し合って完了するものが多いです。そのため、お互いに何をいつまでに完了させるのかということを明確にするという趣旨から、予定は細かく作ることが肝要です。

　大まかなスケジュールで進めていると、ついつい仕事を後ろ倒しにしてしまうことになり、後ろの行程がかなり日程がきつくなってしまいがちです。そうすると、後工程の担当者がムリをしなければならなくなってきます。

　業務を平準化するためにも細かい時間単位でスケジュールを作成して、少しでもそれに遅れが生じてきたら遅れを取り戻すことができるようにしておきましょう。

スケジュールやタスクをオンライン上で可視化

　スケジュール表やタスク管理表は、全員が出社している状況であれば、スケジュール表などを打ち出して全員が日々確認していきながら進めていくという方法でも実施が可能ですが、リモートワークが多くなっている最近では、紙を見ならが進捗状況を確認するのでは、効率が悪いと言えます。

　そこで、クラウド上にスケジュールやタスクをアップして、関係者で共有しながら進めていくのがニューノーマル時代の仕事の進め方と言えます。

　出社・リモートワークの違いにかかわらず、クラウド上でリアルタイムに進捗がわかるので、勤務の形態を問わずに業務をスムーズに進めていくことが可能です。

　例えば、期限を超過しているタスクに警告の色が付いてビジュアル的に進みが確認できるようにしたり、タスクが完了したら上席にメール等で連絡が

飛ぶように仕組むことも、クラウドシステムを使えば実施可能なのです。可視化を図りながらスケジュール管理、タスク管理をするようにしていくことが肝要です。

決算スケジュール・タスク管理は１日単位で期限を設定

日付	時刻	実施事項	担当者	チェック
3月25日	17:00	立替金、未払金、その他資産・負債等精算もれ確認	P良子	S部長
3月26日				
3月27日				
3月28日	○○	請求もれチェック、賞与引当金処理	P良子	S部長
3月29日	○○	入金処理準備	P良子	○○
3月30日	○○	売上一覧完成（売上、原価未計上含む）	○○	○○
3月31日	○○	有価証券時価評価、未払税金戻し	○○	○○
4月1日	○○	入金処理完了、資金関係残高照合、資本金残高確認（謄本突合）、仮払、仮受金精査	○○	○○
4月2日				
4月3日				
4月4日	○○	受取利息計上、売上計上	○○	○○
4月5日	○○	売上、その他請求等最終確認	○○	○○
4月6日	○○	借入金、貸付金長短振替	○○	○○
4月7日	○○	関係会社債権債務残高突合・調整	○○	○○
4月8日	○○	減価償却費計上、税務調整項目集計	○○	○○
4月9日			○○	○○
4月10日			○○	○○
4月11日	○○	勘定明細作成、月次推移確認	○○	○○
4月12日	○○	修正処理等、税金計算	○○	○○
4月13日	○○	税金計算後確定、最終チェック	○○	○○

カイゼンのポイント

✓ スケジュール・タスク管理表の作成は必須！
✓ １日単位で細かく作成する！

問題の先送りは経理業務でも NG！

決算前に実施できることを先送りしていないですか？
Check Point

「プロセス良子さん、明日が事業年度末ですが、まだ賞与引当金の金額が入力されていないようですが？」

「これから作業するところです。まだ決算確定させるまで日数があるからいいかなと思っていましたが？」

「期末を過ぎたらする業務がたくさんあるのは、わかっていますよね。期末までに行えることは済ませておかないといけないですよ。」

夜なべの原因は "問題の先送り" では？

　どうやらプロセス良子さんは、期末日までに行うべきことを行わないで決算を迎えようとしているようですね。

　最近は、月次決算も含めて早期化がテーマになっていて、多くの企業で早く決算を締めるということが重要になってきています。決算の内容が複雑化してきている中で早めに締めるということは、業務を前倒しして行う必要があります。前倒しをしないでいたら当然、徹夜含めて決算期間中は夜なべをしないといけなくなってしまします。夜なべが続いてムリがたたると、嫌気がさして会社を辞めたいなんてことにもなりかねません。

　Scene31 のスケジュールの作成のところでも、説明をしましたが、そのよ

うな事態にならないようにするために日々何を行うべきかをきちんと決めて実行する必要があります。

　決算という点に絞って考えると、端的に言うとプロセス良子さんのように、期末日前に行っておけることを行わないままにして、期末日を迎えた結果、期末日以降に実施することと同時に行うことになってしまって、大残業になった経験がある方もいると思います。

　まずは、期末日前に実施できることとして何があるのかをリストアップしましょう。

　次に挙げるようなことは実施可能です。

決算前に実施できることをリストアップしておく！

　期末日前にできることの具体例です。

その1　見込み可能な引当金を計上する
　賞与引当金などで決算数値が確定する前に見込額が確定するものは算出可能です。

その2　概算の収益・費用を計上する
　決算数値を一部概算で締める場合は、概算数値を期末日までに算出して計上します。

その3　税務の申告書を一部作成する
　決算時に法人税の未払計上をするにあたって、期末日までに確定している情報は法人税申告書にデータを入力して税金計算に備えます。例えば、租税公課の納付状況等を示した別表5（2）については、期末日までに納付が完了したものは別表に記載が可能ですので、入力を進められます。

その4 期末人数の算出

　全国に拠点が多数ある場合は、地方税の計算をする場合に、拠点別の人数が按分の基準になる会社があります。また、拠点ごとの場所代としての均等割という税金も、人数が算出の基準のひとつです。そのため、期末時点の人数は算出の必要がありますが、できるだけ年度末までに算出をしておいて、人数を基準にする税金の計算が速やかにできるようにします。

その5 大きなイベントの処理方針

　事業年度中に大きな出来事があった場合は、それにかかる経理処理の方針は期末日までに確定させておきたいものです。例えば、不動産の売却が行われたような場合は、売却時の表示科目や消費税の処理などを決めておく必要があります。あるいは、期中に合併や分割などの組織再編が行われた場合は、会計処理・税務処理について検討が必要です。大きなイベントに対する処理方針が決算期末まで確定していないと、数値の見込みを出せないのはもちろんのこと、他の決算作業がある中で例外対応に時間をとられることになってしまいます。そうすると、ただでさえ忙しい決算時に追加の作業も入って忙しさが増してしまいます。

　なお、監査法人の監査を受けている場合は、監査法人との事前調整も必要です。監査法人の担当者によっては、相談しても方針決定まで時間がかかることもありますので、早めに対応することが肝要です。

　これらの決算日前に行えることを行わないで決算作業に突入している会社は珍しくないので、決算スケジュールを見直して、前倒しできるものは実施するようにしましょう。

前倒しの実施でムリをなくす

決算日前に実施可能なこと

☐ 見込み可能な引当金の計上

☐ 概算の収益・費用の計上

☐ 税務申告書の一部の作成

☐ 期末人数の算出

☐ 大きなイベントの処理方針決定

決算日後の作業時間を生み出す

カイゼンのポイント

✔ 前倒しできるものを抽出しましょう！

✔ 決算前にどこまで事前準備しているかが決算がラクに終わるかの分かれ目です！

Excel の管理資料は本当に必要なのか？

社内の財務報告資料を Excel で作っていませんか？

「今日は Excel のファイルをたくさん開いていますけど、何をしているのですか？」

「役員会の資料を作っているのです。」

「どんな資料を作っているのですか？」

「月次の推移表や予算実績対比表、月次試算表のサマリー版とかいろいろあります。」

「それってわざわざ Excel で作っているのですか？」

「だって、Excel で作るのが一番効率的じゃないんですか？」

「もちろん、Excel で作らざるを得ないものもあると思いますが、工夫すれば会計システムからそのまま出力するだけで良いものもありますよ。」

「それができれば、毎月ムリして夜遅くまで資料を作っているのはムダかもしれないですね。」

Excel を使わないという視点

　どの会社でも会社の内部での報告のために管理資料を作っていると思います。取締役会向けや、部門長向けに報告書を作成するケースは多いでしょう。

　多くの経理の現場では、それらの資料を Excel で作成しています。そして、この管理資料を作るのに相当の手間をかけている会社も見受けられますので、この手間を削減することに目を向けてみましょう。

　時間を削減するために考えるべきポイントは、「Excel を使わない」という視点を持つことです。

　プロセス良子さんが作成している資料で考えてみましょう。

　月次の推移表であれば、標準で装備されている会計システムは数多くありますのでそのまま打ち出して使えば良いでしょう。会計データの必要箇所をはき出して、そのデータを Excel で加工しているようであれば、その時間をなくすようにしてみると良いでしょう。

　予算実績対比表に関しても、事前に会計システムの予算登録をしておくことで、通常は実績との比較表を集計させることができます。もちろん、比較した際のコメントは別途作成が必要になりますが、数値の比較表自体は改めて作成する必要はなくなります。

　次に月次試算表のサマリーですが、これは一昔前であれば、機能がなく、Excel で勘定科目の集計をしてサマリーの報告書を作っていることが多く見受けられましたが、最近では機能強化がされている会計システムが主流です。

　勘定科目を全て並べて比較すると取締役会のための資料としては詳細すぎるので、ある程度集計単位を大きくしたいというのは一般的かと思います。

　例えば、給与手当、賞与、アルバイト給与、派遣費用、法定福利費といった人件費に関する勘定科目の合計を、管理資料では「人件費」として集計して表示するといったことです。

　会計システムによって手法はまちまちですが、総勘定科目を要約する「要約科目設定」といったメニューで、事前に所定の総勘定科目をどのように要約したいのかを定義づけておけば、後は集計して出力するだけです。

よく陥りやすい判断は、

・Excel なら加工は苦ではないし、作業は慣れているからあえてプロセスを変更しない

・昔検討したけど、その当時は会計システムに機能がなかったから、どうせ今でも使えない

・会計システムから出てくるものは見栄えがあまり好きでない

といったものがあります。

誰でも作れるように型を作りましょう！

1番目の Excel は使いやすいというのは、確かにその通りだと思います。ただし、Excel で作業を始めるとどんどん属人化していくという面も強いです。

作成した本人が、どんどん使いやすくしているつもりでも、他の人が作業をしようとしたらどこにどう数字を入力したらよいのかわからないファイルになっていた、といったことはよくあります。

退職した人から業務を引き継ぐ際に難解なのが、作成している Excel をひもといて作業手順を理解することです。きちんと手順書を作ってくれていれば良いですが、たいていの場合は、「見ればわかるでしょ」的な感じで Excel ファイルだけが多数格納されていて、何が何だか意味不明、なんていうこともざらにあります。

ですから、なるべく会計システムでできることは、その中で完結させてしまいましょうというのをおすすめします。

もちろん会計情報だけでは作ることができないものもあるので、そのような場合は会計システム以外で持っている情報を利活用して Excel で作らざる

を得ないと思います。代替案がなければ作成せざるを得ませんが、極力Excel に頼らない方法を模索しましょう。

　2番目の思考は、端的に言ってしまえば、サボりです。絶えず、最新の情報をキャッチアップするように心がけておかないと時代に取り残されてしまいます。そして、古いやり方を踏襲することで作業効率の悪さが継続することになってしまいます。

　仮に月に10時間削減できる手法をとらずに作業をし続けると1年で120時間、5年で600時間がムダな時間として蓄積されてしまいます。

　他の会計システムに切り替えることで大幅に時間の削減が見込めるのであれば、切り替えることを検討することも一考です。システム投資にお金がかかっても、その分だけ働く人の人件費が減らせることができれば、コスト削減になりますし、仮に同じ時間を働くにしても、より生産性の高い業務をすることが可能となります。

　最近の会計システムの中には、蓄積された会計のデータを活かして、データを直感的に理解できるようなダッシュボード機能を携えたものもあります。今まで、Excel で作成していた資料も、これらの機能に置き換えられれば Excel の作業時間がなくなることはもとより、見栄えも良くなります。常にアンテナを張って最新情報をキャッチアップすることが重要なのです。

　3番目の見栄えの問題は、一つの障壁となります。記載されている内容や構成が今までと同じであっても、見た目が変わると見にくいといったことを指摘されて、思うように変更ができないということもままあります。ただ、ここは何に時間をかけるのかということを資料閲覧者と話しましょう。例えば、取締役会資料であれば役員が対象になります。中には頑固で「とにかく今まで通りにしてくれ。」という役員もいるかもしれませんが、労働時間を圧縮するという目的と実際に提出される資料の実質的な中身が変わらないという事実を説明すれば、理解を示してくれる経営陣も多くいると思います。

　それに、私が見てきた現場でも、始めに資料を変えたときは、「少し見にくくなったなぁ。」といった声も聞こえてきますが、数ヶ月経つと慣れてきてそのような声は聞こえてこなくなってきます。それくらい人間は適用力があるのだと思います。

　始めに説得するときは抵抗もあるかもしれませんが、くじけずに理解を求めて改革を進めてみて下さい。

　Excel 等で別途作成する時と比較して、もう一つ効果があるのは、月次決算に変更があった場合です。

　決算数値が変わったときに Excel で作業をしていると、修正後のデータで改めて集計作業等を行う必要があります。これが、会計システムを活用してそこから出力される資料をそのまま使っているようであれば、追加の作業は打ち出しをし直すだけです。

　数値が何度も変更になるとその都度作業が発生します。提出を求められている会議の直前に修正となるとかなり負担が大きくなりますし、ミスが発生したりしますので、そのような自体にならないためにも Excel を使わない作業方法を模索してみて下さい。

　この Scene では、できるだけ Excel での作業時間を減らすために、会計システムの機能をフル活用するという視点で説明をしてきましたが、それでもやはり Excel を使わざるを得ないという場面もあると思います。

　その際は、Scene**28** で解説した RPA の活用を検討してみて下さい。

　会計データをはきだして、所定の Excel フォームに取り込むといった内容の作業でルール化されたものであれば、RPA の活用も可能です。その方法でうまく機能するのであれば、作業時間を圧縮した上で、作業は完了しますので、Excel を使わざるを得ない場合は RPA の活用を考えてみましょう。

会計システムの機能を活かし管理資料を作成

原始証憑 　反映　会計システム 　出力　月次管理資料

極力Excel
使わない！

短時間で目的の資料が作成でき、資料の分析に時間を使える
手作業によるミスが減り、数字の修正にかかる工数が減少する

カイゼンのポイント

✓ 管理資料に Excel を使わない！

✓ 見栄えの良し悪しよりも中身で勝負しよう！

Scene 34 台帳の二重管理は一つのシステム内で管理可能

Check Point

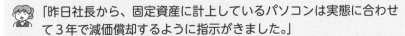

会計と税務で減価償却方法が異なる場合に固定資産台帳を二つ作っていないですか？

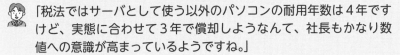

「昨日社長から、固定資産に計上しているパソコンは実態に合わせて３年で減価償却するように指示がきました。」

「税法ではサーバとして使う以外のパソコンの耐用年数は４年ですけど、実態に合わせて３年で償却しようなんて、社長もかなり数値への意識が高まっているようですね。」

「そうかもしれませんが、とばっちりが私に来ちゃっているのですから、勘弁して欲しいです。」

「確かに会計では耐用年数を３年で減価償却費を計算する必要がありますが、税務のことを考えると法定耐用年数である４年でも償却計算をしないといけないですね。作業の方針は決まったのですか？」

「税務の方の計算は、既に固定資産システムに登録しているものをそのまま使おうと思っています。会計の数値は、Excel で実施しようと思っています。」

「Excel で計算すると効率が悪くて、また大残業になっちゃいますよ。」

固定資産の二重管理はやり方によっては苦痛を伴う

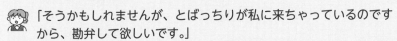

　プロセスデザイン社では、会計と税務で減価償却の計算が変わるようです。

外資系の日本法人などは、日本の税法基準と海外の会計基準の2通りを計算する必要があり、同様の作業を求められることはよくあります。

　ただ、その実施状態を見るとプロセスデザイン社の場合のように一部はシステム、一部は Excel で行ったりと、面倒な管理をしている会社が多いです。始めは量が少ないから別々の管理でも何とかなると思っていても、徐々に量が増えてくると適切に管理ができなくなってしまったなんていうケースに何度も遭遇したことがあります。

　経理の担当者の気持ちとしては、手間だけど、今から方法を変えるのも面倒と言うことで長年方法を変えずに月日が経過してしまい、ムリが続いているという状態です。

システムは使っているけど非効率となっていないか

　今回のような減価償却を二重管理するときに、非効率になってしまっているよくあるパターンは次の二つです。

　一つ目は、固定資産システムと Excel の合わせ技です。

　税法限度額あるいは会計上の償却額のいずれかを固定資産システムで計算して、もう一方は Excel で計算するという方法です。

　この方法が、非効率な理由の一つは、Excel で減価償却計算をするということです。Excel は自由に計算ロジックを組むことができるので、減価償却の計算をさせることは可能です。ただ、税法の減価償却計算は保証率を使った算式との比較をする必要があるなどかなり複雑になっており、専門知識のある人が算式を組んでも、間違えて計算がなされているケースも多くあります。誰も検証をしないと間違ったまま何年も経過してしまっていて、どのように修正すべきか途方に暮れるなんていうこともあります。

　たとえ秀逸な表計算ソフトであるにしても計算式を間違えてしまっては、正しい結果になりませんので、そもそも Excel を使うかどうかを検討すべきでしょう。

　また、もう一つの非効率な理由は、固定資産システムと Excel の両方に似たような情報を登録する必要があると言うことです。取得価額や取得年月といった情報は両者に登録をする必要があります。二重作業が生じていることになりますので、その分余計な工数がかかっていると言えます。

　もう一つ非効率な方法として実務上行われている例としては、Excel は使わないものの、固定資産システムに税務用の領域と会計用の領域の二つを作成して、両者に登録をして、両者の差異が会計と税務の償却計算の差額となるという方法が挙げられます。

　一見システムを使って自動で償却計算がされるので、効率的に見えます。確かに一つの目の方法よりは効率的でしょう。それでも、両方の領域に取得原価や取得年月等の情報を同じ数だけ登録しなければなりません。一方で登録して、もう一方で登録をし忘れたなんていうことになると、そもそも取得価額の合計が一致しませんので、償却額の差額を算出しても誤った結果となっています。取得の登録の場合もそうですが、固定資産を廃棄した場合も両方の領域に廃棄登録をしなければ片手落ちになってしまいます。

　このように二重作業のムダ以外にも作業ミスが発生する可能性が高いのが、この方法の難点です。

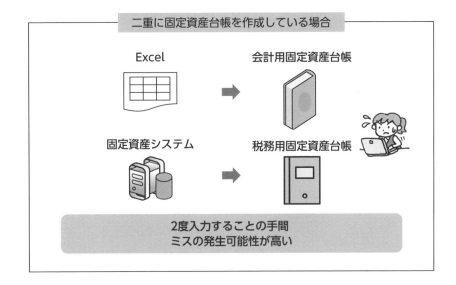

一つの領域に二つの償却方法を登録するのが最も効率的

　では、最も効率的なのはどのようなやり方でしょう。

　一つの固定資産システムの領域に会計用と税務用の情報をまとめて登録する方法です。これは、システムの機能に依存してしまいますが、償却方法を会計と税務とで変えたい、あるいは減損会計を適用すると税務と会計で償却限度額の計算が異なるが、それぞれ計算したいというニーズが一般化したのに伴って、一つの領域で会計と税務の償却を同時にできるシステムが普及しています。

　かつては、そのような手段がなかったので、前述した二つの方法のいずれかで何とかこなしていた会社も多くありましたが、時代の変化に合わせて手段が増えてきていますので、時流に合わせることも考えましょう。

　この方法であれば、会計と税務の計算に共通な情報である取得価額や取得

年月といった事項は２回登録する必要はなく、一度登録するだけで十分です。そのため作業時間の削減が可能です。また、二つの領域に登録する必要はありませんので、一方の登録をし忘れるという事務ミスも発生しません。

　時間の圧縮を図りつつ、品質の向上も同時に達成できるのです。

　現在お持ちのシステムが対応していない場合、長期的な視野でリプレイスを検討するのも一つかもしれません。

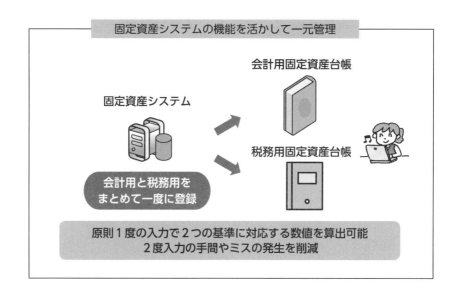

償却資産税の申告が手書きの会社も

　その他にも固定資産の管理に関して、改善の余地があると思われるケースを二つほど挙げておきます。

ケース1　償却資産税の申告書を手書きで作成している

　固定資産のシステムを使っているにもかかわらず、償却資産税の申告書を手書きで書いている会社をたまに見かけます。通常の固定資産システムであれば、固定資産登録をしておけば、システムから償却資産税の申告書を出力することができます。

　かつて、利用していない会社に、その理由を聞いたことがあります。きっと機能を知らないのかなと思っていましたが、次のような回答が多くありました。

　「登録するときに所在する市町村を登録するのが面倒」とか

　「固定資産を設置している市町村を事前に設定するのが面倒」という回答です。

　確かに、マスタ設定や取得登録するときに所在地の登録をするのは多少手間のかかることです。しかし、その登録さえしておけば毎年1月に実施する償却資産税の申告作業がボタン一つでできるのです。

　1月というと経理部門では、償却資産税の申告作業の他に、マイナンバー管理を含めた法定調書の合計表作成、給与支払報告書の作成、会社によっては四半期決算対応等、様々なイベントがあり大変多忙な時期です。

　そのような忙しい時期に手書きで申告書を書くという手間をかけていると、他の仕事をする時間が少なくなり、ムリが生じることになります。

　登録の時に時間を使うのか、申告の時に時間を使うのかという判断になりますが、業務を平準化させるという観点からは、年始の1月の時間をどれくらい空けられるのかを考えて行動する必要があるでしょう。

ケース2　法人税申告書の別表16が出力できない

　もう一つのケースは、システム上の問題と言ってしまえばそれまでですが、固定資産の登録をしたシステムから法人税申告書の別表である別表16関

係の様式一式を出力していないケースです。

　申告時には別表16関係の様式を出力して送付する必要がありますが、固定資産システムによってはそれらが自動で出力できず、手書きで別表に転記をしたり、別の法人税申告書のシステムに入力し直すという手間をかけている会社もあります。

　作業としては転記なので単純です。ただし、ボリュームによりますが、数時間は要する作業です。細かいようですが、これらのムダも排除できないか検討しても良いかもしれません。

カイゼンのポイント

✓一つの領域にまとめて登録すればスピードと品質が同時に向上する！

✓償却資産や別表16を転記しているのはムダという認識を持とう！

Chapter5

外部委託を活用した改革のテクニック

ノンコア業務は外部委託の活用を！
外部委託を利用した方が、
生産性が上がることもあります

業務の平準化には月末月初だけの
助っ人が有効

忙しい時期だけ派遣会社に頼むという選択肢は考えていますか？

Check Point

 「今週はずっと夜遅いって聞いていますけど、何かイベントでもあったのですか？」

 「月末締めの支払いのチェックがたくさんあって忙しかったのです。ビジネスがうまくいっているのはありがたいのですけど、それに伴って取引先が増えてしまって、その分請求書のチェックが以前と比べて増えているのが原因です。」

 「他の仕事も増えて月中ずっと遅いってわけではないのですか？」

 「他の仕事はアドバイスしてもらったのでそれほど増えていなくて効率的になったのですけど、どうしても請求書のチェックだけは効率化が図れずこの時期だけは多忙です。」

 「そうであれば、忙しいときだけ人を手当てすればいいですね。」

ピークの忙しさをなくせないか

　どんなに業務を効率化しても、減らせられない仕事というものはあります。プロセスデザイン社のケースですと請求書のチェックがその業務のようです。支払日に向けて請求書のチェックをする必要があるのでしょうが、請求書と納品書等を突き合わせる作業が月中の一時期にまとまってしまっている

のでしょう。

　このような場合にまず考えるべきことは、業務を分散して平準化できない
かどうかです。

　請求書のチェックに関して言えば、まとめて行うのではなく、来た都度確
認することで、まとめてチェックするのに比べて繁忙期のピークは崩せる可
能性はあります。

　ただ、どうしても実施の時期が集中してしまって、短い時間にまとまった
ボリュームの仕事をせざるを得ないということもあります。

繁忙期だけの助っ人を探す

　業務自体は単純だけど短期間に集中して業務を実施しなければならない時
に、次に考えられる手段はその時期だけ人を手当てするという方法です。

　様々な働き方が求められるようになってきている昨今において、長時間は
働けないけど少しの時間ならば働けるという人もいます。

　例えば、

　　・扶養の範囲を超えたくないので月間の労働時間は制限したい

　　・資格取得をしたいので、勉強を中心に生活を組み立てたいけど、多少の
　　　稼ぎも必要なので仕事も合わせて行いたい

　　・通勤することはできないが、リモートワークであれば仕事ができる

　といった方々です。

　そうすると会社にとっての忙しい時期だけ仕事をしてもらうようなシフト
を組んだとしても、会社と働く人が Win-Win の関係になることもあります。

　プロセスデザイン社の場合は、請求書のチェックという業務でしたが、月
次決算の締めが忙しい月初の時期だけ業務に携わってもらうという組み合わ

せもあると思います。

自社募集もあれば専用の人材派遣会社もある

　このような不足する労働力を埋めてくれる人材の確保をするためには、もちろん自社で募集をするという方法もあります。ただ、最近ではそのような短時間しか働けない人を中心に登録している人材派遣会社も存在しているので、そのような会社を通じて助っ人を確保するのも一つの方法かもしれません。

　ただ、いずれの方法で確保するにしても、どうしても執務する時間が短いということは習熟に一定の時間がかかりがちです。

　そのため、業務をお願いするにあたっては、きちんとマニュアルを準備してあげることは必須でしょう。毎日業務に携わっていれば習熟度も増していくでしょうが、月に数日だけの執務となると1ヶ月前に行った業務の方法を思い出すだけでも時間がかかってしまいます。その時間もムダな時間となってしまうので、マニュアルやチェックリストを作成して、それに従って業務にあたってもらうように工夫しましょう。

　また、労働時間が制約されている方の場合は、置かれている生活の状況が変わって、継続して執務をしてもらえないことも想定されます。そのため、代替できるように一定の人数を確保したり、執務をしてもらえない場合に他の人がスムーズに執務できるように業務を単純化しておくことも肝要となります。

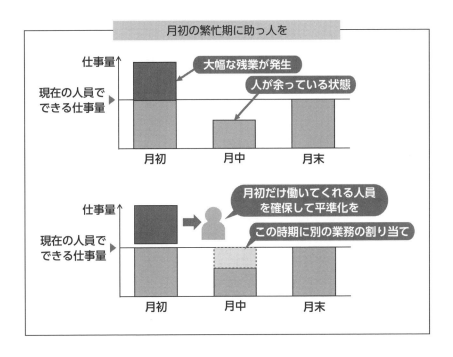

カイゼンのポイント

☑ 繁忙期に人が不足する場合は、まずは平準化を実施！

☑ 平準化できない部分は、特定期間だけ人の手配をして負担軽減を図る！

少子化対策、働き方改革には アウトソーサーの活用を！

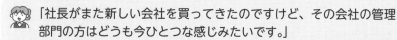

経理業務をアウトソーシングするメリットは考えていますか？

Check Point

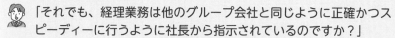

「社長がまた新しい会社を買ってきたのですけど、その会社の管理部門の方はどうも今ひとつな感じみたいです。」

「それでも、経理業務は他のグループ会社と同じように正確かつスピーディーに行うように社長から指示されているのですか？」

「もちろん、そうなのです。でも、今のままだとできそうもないので私にするように言われているのですが、これ以上仕事が来たらパンクしちゃいそうです…」

「アウトソーシングを検討してもいいかもしれませんね。」

事業の成長に合わせて管理部門に潤沢に人が配置できているか

　プロセスデザイン社ではM&A等を通じて事業の拡大を図っているようですね。

　ただ、よくあることですが、本業の部分はどんどん成長軌道に乗せていけるのですが、それに合わせて管理部門がついてこられないという課題が現場では起きています。

　原因としては、成長速度に合わせて管理部門に人を配置してきていない、あるいは、配置できるだけの余裕がないということが挙げられます。

　企業としては、どうしても稼げる部署に人を置くことを優先に考えて、管理部門にそこまで人を割こうとしない傾向がでてきがちです。

　このような事態は、成長著しい企業に限った話ではありません。

　少子化の影響で人材の確保が難しくなってきているのは、ほぼ全ての業種に言えることです。

　最近は、人材の確保のために定年の年齢の延長や継続雇用の期間の延長等、シニア世代の活用もなされていますが、それだけでは追いついていないのが現状です。

外部に委託する企業の増加

　そんな影響もあってか、昨今は経理業務をアウトソーシングする企業が増加傾向にあります。

　もともと海外では、経理業務を外部に委託するビジネスプロセスアウトソーシング（BPO）という形態は一般的でしたが、日本においても上場企業を中心にここ15年程度でかなり浸透してきています。

　日本の上場企業がアウトソーシングをするようになったきっかけの一つは、会計ビッグバンです。

　会計ビッグバン以前は個別財務諸表が中心であった上場企業の開示情報が、連結財務諸表中心に変わりました。

　連結財務諸表が中心となると連結対象となるグループ会社の全てが、親会社に対して個別の財務諸表を報告しなければならなくなったので、グループ会社全てが一定のタイミングまでに決算を完了させなければならなくなりました。

　そんな中、証券市場からの要請により決算日後30日以内に決算報告をする

ことが望ましいとされてきましたので、否が応でも決算の早期化を図らなければならなくなったのです。

　また、決算に関しても四半期決算が制度化されたことで決算の報告も四半期ごとに必要になりました。

　おまけに、会計や税務の内容も年々高度化し、毎年のように改正が行われているので経理業務の専門性もかなり高くなってきています。

　そのような環境の中で潤沢な陣容を経理部門に割くことができなくなり、上場企業ではグループ企業を中心にアウトソーシングが浸透してきました。

少子化の影響で中小企業に波及

　中小企業の場合は、上場企業ほどタイムリーなディスクロージャーや専門性の高い経理知識が求められる訳ではないので、アウトソーシングは今まではそれほど普及はしてきていませんでした。

　ただ、近年大手企業の人材確保が難しくなってきたことのあおりで、中小企業も同様に採用が難しい時代となったこと、今まで経理のベテランだった人が定年で会社を去り始めていることなどの事象が重なって、アウトソーシングのニーズが高まってきています。

経理業務の標準化が進むことにもつながる

　アウトソーシングを人口減少に入った時期に選択することは、企業が生き残るための一つの解決策と言えるでしょう。

　ただ、単純に人がいないから外部に委託するというだけではもったいない

話です。

　アウトソーシングを真に活用するには、同時に業務の標準化を図ることが重要です。経理業務をする人が社内の人から社外の人に変わるにあたって業務フローを全く見直さなければ、効率的な方法でアウトソーシングがなされず、人件費が外部への委託費に変わるだけです。

　社内で行ってきた業務を外部に切り替えるタイミングで業務のやり方を見直しましょう。

　見直しにあたっては、Scene3で説明したような理想と現実を比較して、ギャップを埋められるやり方を導入することができないかというアプローチで行いましょう。

　もしも、業務フローを見直して効率的な手法で経理業務を進めることができるようになれば、いずれアウトソーシングした業務は再度内製化したとしても、その時はアウトソーシングする前よりも人手も手間も少なくて済む可能性があります。

コロナ禍で BCP の観点から BPO へのニーズ

　アウトソーシングに注目が集まっている新たな要因の一つに新型コロナウィルスの感染拡大に伴って、企業活動をいかに継続させるかということを企業が改めて考えたということが挙げられます。

　震災等を奇貨として定期的に検討がなされる企業の事業継続計画（BCP）ですが、今回の新型コロナウィルスによるパンデミックで、業務を分散しながら継続されるための手段の一つとしてアウトソーシングに注目が集まりました。

　自社の社員が業務に関与できない場合にも、必要な業務は企業として継続

して実施する必要があります。その時に備えて、自社以外の外部に業務を遂行できる体制を整えよう考えた際に、アウトソーシングベンダーを活用することが一つの解決策になるのです。

　労働力人口減少という要因以外にBCPという観点からも、アウトソーシングの活用を検討するのも一つかもしれません。

　ただし、導入にあたっては業務の標準化を進めながら実施することは忘れないようにしてください。外部に頼んだとしても標準化された状態でないと、社内に業務を戻す際に戻すのが大変ということになりかねませんので。

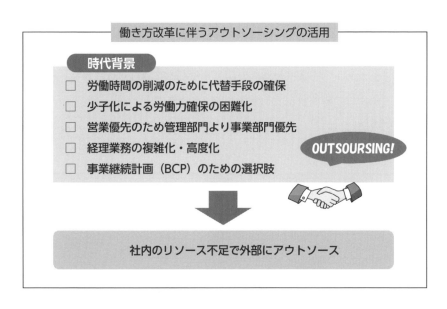

働き方改革に伴うアウトソーシングの活用

時代背景

☐ 労働時間の削減のために代替手段の確保
☐ 少子化による労働力確保の困難化
☐ 営業優先のため管理部門より事業部門優先
☐ 経理業務の複雑化・高度化
☐ 事業継続計画（BCP）のための選択肢

OUTSOURSING!

社内のリソース不足で外部にアウトソース

カイゼンのポイント

✓経理部門への配置が難しい時期はアウトソーシングの活用を検討する！

✓アウトソーシングする際に業務を標準化する！

Scene 37
勉強しない組織は市場からの退場を余儀なくされる

Check Point

社内・社外で勉強会や研修会が企画されていますか？

「最近経理の仕事も改正とかの内容が難しくてついて行けないです。Kaizen 税理士さんの事務所ってみんなで集まって研修会とかやっていますか？」

「我々も会計や税務の新しい動きについて行けるように社内で研修会を開催しています。」

「いいですね。うちの会社では入社時に研修はするけど経理の研修ってそれ以降実施したことないんですよ。」

「時代の流れが速いから考えないといけないですね。良かったら私の事務所で外部の企業向けに研修実施していますので、参加してみたらどうですか。」

「興味あります！資料を送って下さい！」

中小企業で経理部門の研修はなぜ実施されないのか

　プロセス良子さんは、仕事に目覚めたのか勉強熱が生じてきたようですね。

ただ、プロセスデザイン社では経理部門用の研修制度がないようです。

　良い会社ほど研修に力を入れていると言うこともあるようですが、経理部門で専門の研修を実施している会社は、中小企業まで含めるとあまり多くな

いと思われます。

大手企業になるとグループ会社が連結の対象となりますので、会計制度や税制改正が行われるとそれに関する説明等を中心に、年に何度か研修を実施しているケースは多いです。

ただ、中小企業となると経理部門専門の研修は実施しているのを聞くことはあまりありません。

中小企業で経理部門の研修が実施できていない理由には、どのようなものがあるでしょうか。

■そもそも経理部門の人数が少ない

確かに中小企業の経理部門の人数はそれほど多くないケースが圧倒的かもしれません。ただ、組織図で考えると役員、部長、課長、スタッフ2名程度で合計5名程度いる会社もあります。

5名程度いれば実は研修の企画はできるものです。それでも、実施していない会社の方が多いと思います。

■教えられる人がいない

これが原因となってしまうと、その会社の経理部門の存在意義を考えないといけないかもしれませんが、体系的に学習している人がいないために教えられる人がいないということが原因の会社もあるようです。

営業部門とかですと商品知識を共有するための勉強会や、良い営業の手法や悪い営業の手法等を共有する部内研修会などを行っているケースはあります。

営業部門は実施しているのに、経理部門は実施していないというのはなんだか変な気がしますね。営業の研修の方が、経理の研修の方よりも実施が簡単なのでしょうか？実際はそんなことはないのではないでしょうか。

　経理の場合は、社内研修で使えそうな書籍は多数出版されています。書籍等を使えば教えられるという点から考えると、体系が構築されていない営業等に比べると、実は教えやすい分野なのです。

■やっても効果がないと思っている

　営業部隊と違って、経理の場合は成果が見えにくい部門です。そのため研修を行ったところで業績が上がったというように、数字に表われないので研修をするインセンティブが働かないようにも見えます。ただし、研修で実施した内容を次回は業務として担当してもらうといった工夫をすれば効果も目に見えた形になります。効果がないと決めつけずに、成果がわかるように研修を企画してみましょう。

経理部門で勉強するとこんなにいいことがたくさんある！

　それでは、経理部門で研修を行う効果って何なのでしょうか。

　まず、部員の業務処理能力が上がります。知らないことを知ったり、知っていることを確認し合うことで、目の前で処理している経理処理やこれから出てくる経理の課題を適切に処理できるようになります。その結果、成果物は正確なものとなります。経理部門では成果物が合っていて当たり前というように考えられることも多いと思いますし、それは間違っていないのです。経理に間違いがあれば、信頼を失うことになるからです。逆を言えば、ミスがないということは、知らず知らずに信頼を勝ち得ているのです。

　他にも権利の上に眠ることなく会社が便益を得ることができるという利点もあります。税務の分野では多いですが、税務上の特典は会社がその制度を使うことではじめてメリットを享受することができます。

　このとき、会社がその特典を知らなければ、権利を使うことで得られたであろうメリットを得ずに終わってしまうのです。税務であれば担当の税理士が教えてくれれば良いと考えるかもしれませんが、全ての税務の特典の中から担当の企業へ適合するものを全て抽出して税理士が考えてくれているかどうかはわかりません。税理士から教わらなかったからメリットを受けられなかったなんてことになってはもったいない話です。

　やはり会社が能動的に動くことで得られるものも多いのです。

　また、研修を開催すると経理部門の後継者育成に寄与します。上席者が若手に教えることでその若手が成長します。その結果、上席者が実施していた業務ができるようになり、結果として世代交代をスムーズに行うことができるようになります。

　そして、その育った若手が次世代のために、同様に研修等通じて教えることでその次の世代が育つのです。

　このような後継者の育成は、社内できちんとした研修制度があることによって絶えることなく実行されるものです。

　一時的に教えただけでは、一過性に過ぎません。

　研修を企画して継続実施すると言うことは、非常に労力を要することではありますが、企業の継続発展のために経理部門内の研修の企画を考えましょう。

足りない知識は外部リソースを活用する

　社内で研修を企画すると、社内の個別事情を前提としてプログラムを組むことになるので会社にとっては最適になると考えられます。

　ただ、やはり社内の人員だけではリソース不足のケースも考えられます。

　新しい会計や税務の制度を部内で共有しようとしても、それを学ぶ時間がなかったり、そのことについて知見がないため教えることができないということは考えられます。

　そのような時は、外部のリソースをどんどん活用しましょう。

　経理部門に研修を提供している企業はありますので、役に立ちそうな研修には積極的に参加しましょう。また、最近はインターネットの普及に伴ってオンデマンド型の研修も提供されていますので、時間の制約で参加できない場合は、自分の時間に合わせてオンデマンド型の研修を活用しましょう。

　さらに、プロセスデザイン社の担当の Kaizen 税理士のように会社の個別事情をよく理解している専門家が研修プログラムを提供してくれるようであれば、お願いするのも一つかもしれません。

　いずれにしてもレベルの高い経理部門を構築するには社内の研修を企画したり、不足する分を外部に依存したりすることは必要です。社内の研修をいつ実施したのか思い出していただき、はじめの一歩を踏み出してみて下さい。

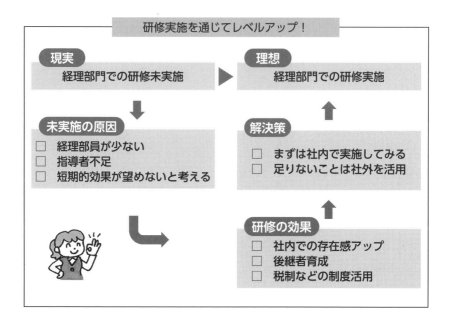

研修実施を通じてレベルアップ！

現実
経理部門での研修未実施

▶

理想
経理部門での研修実施

未実施の原因
- ☐　経理部員が少ない
- ☐　指導者不足
- ☐　短期的効果が望めないと考える

解決策
- ☐　まずは社内で実施してみる
- ☐　足りないことは社外を活用

研修の効果
- ☐　社内での存在感アップ
- ☐　後継者育成
- ☐　税制などの制度活用

カイゼンのポイント

✔ 品質の向上のために継続的な社内の勉強会の開催を！

✔ リソース不足なら外部研修の活用を検討する！

【執筆者紹介】

中尾　篤史（なかお　あつし）

公認会計士・税理士。CS アカウンティング株式会社　代表取締役社長。

日本公認会計士協会 租税調査会 租税政策検討専門部会・専門委員。

著書に「瞬殺！法人税申告書の見方」（税務研究会出版局）、「会計の基本教科書」「経理・財務スキル検定［FASS］テキスト＆問題集 」（日本能率協会マネジメントセンター）「正確な決算を早くラクに実現する経理の技30」、「BPO の導入で会社の経理は軽くて強くなる」（共著）、「対話式で気がついたら決算書が作れるようになる本」（共著）、「経理・財務お仕事マニュアル入門編」（以上、税務経理協会）、「たった３つの公式で「決算書」がスッキリわかる」（宝島社）、「明快図解 節約法人税のしくみ」（共著、千舷社）など多数。

【会社紹介】

CS アカウンティング株式会社

　国内最大級の会計・人事のアウトソーシング・コンサルティング会社であり、約200名の公認会計士・税理士・社会保険労務士などのプロフェッショナル・スタッフによって、上場企業グループから中堅・中心企業まで幅広く経理・会計・税務、人事・労務に関するアウトソーシング・コンサルティングサービスを提供し、会計・人事の課題をワンストップで解決している。

東京本社

〒163-0631

東京都新宿区西新宿1-25-1　新宿センタービル31階

電話番号：03-5908-3421　／　FAX 番号：03-5339-3178

メールアドレス：csa-g@cs-acctg.com

URL：https://www.cs-acctg.com/

本書の内容に関するご質問は，ファクシミリ・メール等，文書で編集部宛に
お願いいたします。
FAX：03-6777-3483
E-mail：books@zeiken.co.jp
なお，個別のご相談は受け付けておりません。
もしくは，223ページ記載の執筆者の連絡先までお問い合わせください。

本書刊行後に追加・修正事項がある場合は，随時，当社のホームページ
（https://www.zeiken.co.jp）にてお知らせいたします。

DX 時代の経理部門の働き方改革のススメ

令和 3 年11月22日　　　改訂増補版第 1 刷印刷　　　（著者承認検印省略）
令和 3 年11月30日　　　改訂増補版第 1 刷発行

Ⓒ　著　者　中　尾　篤　史

発行所　税 務 研 究 会 出 版 局

週　刊「税務通信」発行所
　　　　「経営財務」

代表者　山　根　　　毅

郵便番号100-0005
東京都千代田区丸の内 1 - 8 - 2 鉄鋼ビルディング
〈税研ホームページ〉https://www.zeiken.co.jp

乱丁・落丁の場合は，お取替えします。　　　イラスト　佐藤　慶花
　　　　　　　　　　　　　　　　　　　　　印刷・製本　奥村印刷株式会社

ISBN 978-4-7931-2649-9

法人税関係

《2021年9月1日現在》

〔第7版〕
「固定資産の税務・会計」完全解説

太田 達也 著／A5判／648頁　　　定価 **3,850** 円

固定資産の取得（またはリース）から、その後の減価償却、資本的支出と修繕費の処理、除却・譲渡に至るまでの段階ごとに、税務・会計の取扱いを詳説しています。今版では災害対応の実務処理について加筆しています。

2021年7月刊行

法人税の租税実務のための判断基準

苅米 裕 著／A5判／332頁　　　定価 **3,300** 円

国税審判官の業務経験のある著者が、租税実務の判断基準は争訟の判断過程の中にあるという考えから、審判所の判断思考に著者の主観を交えながら「役員給与」「減価償却」「寄附金課税等」について考察します。審査請求関連はとっつきにくい分野ですが規則性を持った構成にして読みやすいものにするよう心がけています。

2021年6月刊行

〔第4版〕
ケース別 会社解散・清算の税務と会計

税理士法人髙野総合会計事務所 編／B5判／644頁　　　定価 **5,500** 円

株式会社を中心にその解散から清算結了に至る一連の税務・会計問題について、具体的ケース別に実務処理上の留意事項、申告書別表や届出書の記載方法等について解説しています。第4版では、令和4年4月1日以後開始事業年度から適用されるグループ通算制度への移行による影響についても触れています。

2020年12月刊行

Q&Aで理解する グループ通算制度

税理士法人山田＆パートナーズ 編／A5判／332頁　　　定価 **2,420** 円

グループ通算制度の仕組みやポイント、連結納税制度との違いなどを解説しつつ両制度と単体納税の有利選択、さらに組織再編（合併）との有利選択について99のQ&A方式で考え方を整理します。

2020年11月刊行

税務研究会出版局 https://www.zeiken.co.jp/

※ 定価は10%の消費税込みの表示となっております。